民法学を語る

大村敦志・小粥太郎 著

Apologie pour le droit civil ou métier de civiliste

有斐閣

目　次

文献略語・出典一覧

大村① 大村敦志『公序良俗と契約正義』（有斐閣、一九九五）
大村② 大村敦志『典型契約と性質決定』（有斐閣、一九九七）
大村③ 大村敦志『法典・教育・民法学』（有斐閣、一九九九）
大村④ 大村敦志『新しい日本の民法学へ』（東京大学出版会、二〇〇九）
大村⑤ 大村敦志『不法行為判例に学ぶ』（有斐閣、二〇一一）
大村⑥ 大村敦志『穂積重遠』（ミネルヴァ書房、二〇一三）
大村⑦ 大村敦志＝権澈『日韓比較民法序説』（有斐閣、二〇一〇）
大村⑧ 大村敦志『フランス民法』（信山社、二〇一〇）
大村⑨ 大村敦志『生活のための制度を創る』（有斐閣、二〇〇五）
大村⑩ 大村敦志『他者とともに生きる』（東京大学出版会、二〇〇八）

小粥① 小粥太郎＝加藤雅信＝加藤新太郎「民法学説の役割を語る」判例タイムズ一二二二号（二〇〇六）
小粥② 小粥太郎「フランス契約法におけるコーズの理論」早稲田法学七〇巻三号（一九九五）
小粥③ 小粥太郎『民法学の行方』（商事法務、二〇〇八）

小粥④　山野目章夫＝小粥太郎「平成一五年法による改正担保物権法・逐条研究(1)―(9)」
NBL七七八―七九九号（二〇〇四）
小粥⑤　小粥太郎『民法の世界』（商事法務、二〇〇七）
小粥⑥　小粥太郎『日本の民法学』（日本評論社、二〇一一）

著者略歴

大村敦志（おおむら　あつし）

一九五八年生まれ
一九八二年　東京大学法学部卒業。同助手、助教授を経て
一九九八年　東京大学教授
一九八七－八九年、九九－二〇〇〇年　パリにて在外研究

小粥太郎（こがゆ　たろう）

一九六四年生まれ
一九八八年　早稲田大学法学部卒業
一九九〇年　早稲田大学修士課程修了。同助手、助教授、東北大学教授等を経て
二〇一二年　一橋大学教授
一九九〇－九二年　司法修習生、一九九六－九八年　パリにて在外研究、
二〇〇一－〇三年　法務省民事局付（法務専門官）

序　章　民法から民法学へ

第1信　いま、なぜ民法学を語るのか

小粥太郎 さま

⚜本書執筆の経緯

共著の本を書きましょう、それも、民法ではなく民法学に関するものを――

仙台に出かけた折にそんなお誘いをしたのは、二〇一〇年か一一年のことだったでしょうか。その後、しばらくは具体的な話は進みませんでしたが、二〇一三年の春には準備を兼ねて、私たち二人がそれぞれに教えている学部生や大学院生に参加してもらい、三日続きの合同ゼミを開催しましたね。この時に用意した資料をもとに、まず私が草稿をまとめるという約束でしたが、様々な事情があってやはり作業は進みませんでした。

この間に、私は三度目の在外研究のためアジアや欧米の国々に出かけ、小粥さんは東北大学から一橋大学に移られるなど、個人的な出来事もありましたが、民法学界にとって重要なことは、戦前生まれの研究者の訃報が相次いだことです。二〇一二年九月に星野英一、二〇一三年一月に北川善太郎、五月に川井健、一〇月に山田卓生、一一月に平井宜雄、一二月に原島重義、そして二〇一四年二月に広中俊雄の各先生がお亡くなりになりました。民法学の星座から「ななつ星」が消えてなくなったかのようです。

もちろん、今でもお元気な方々もいらっしゃいますが、民法学の一つの時代が終焉を迎えたという印象は、多くの研究者に共有されていることと思います。それどころか、若干の誇張を交えて言えば、この世代の退場とともに民法学そのものが絶えてしまうのではないか。漠然とではあれ、そうした危機感もないではありません。もっとも、同僚たちの中には、終焉とか危機といった刺激的な言葉を安易に使うべきではないと考える方々もいるとは思います。しかし、民法学がある種の変容を遂げようとしつつあるということであれば、そうした方々の同意も得られるのではないでしょうか。

もともと小粥さんに冒頭のような提案をしたのも、このような変容への対応が必要だろうと感じてのことでしたが、前記の方々のご逝去は、そのような気持ちをますます強めることになりました。そこで、合同ゼミから一年後、二〇一四年三月に、中断していた草稿執筆を再開しようと考えるに至りました。

⚜往復書簡方式

小粥さんに見ていただく草稿の執筆を再開するにあたって、まず最初に考えたことは、本書のスタイルをどうするか、ということでした。合同ゼミの際に資料として持ち寄ったもののうち私が書いたものは、いささか形式ばった報告原稿に若干の補足をしたものでしたが、小粥さんが用意されたものは、研究者の内心の動きをうまく描き出したしなやかな書き物でした。叙述のスタンスや文章のテイストなどに関するある程度の違いは、私たち二人の個性の差として保存してよいだろうと思います。しかし、あまり大きな落差は一つの書物としての統合性を損ないますし、読者にとっても親切とは言えません。そこで小粥さんの語り口を生かしつつ、私の語りの硬さを緩和するために、往復書簡方式をとってはどうか、と考えました。

この方式は、ある意味では私たちの企画に当初から含まれていたともいえます。というのは、私たちはこれから、現代日本の民法学について語り始めようとしているわけですが、その際の素材として、他の研究者の研究を論評するのではなく、自分たちの研究を取り上げて、自分たちがやってきたこと、あるいはこれからやろうとしていることについて語り合うつもりです。研究の生成のプロセスを自ら語り、時には楽屋裏をお見せすることにもなるでしょう。そのためには緩やかなスタイルが適している。もっとも、対話のダイナミズムを保持しつつ、ある程度の思考のまとまりを保持することも必要です。それには対談方式は避けた方がよい。合同ゼミの際に私たちは、それぞれ、自分たちがこれまでに行ってきた研究の内容につき報告を行い、これに対して相互にコメントを述べるという作業を行っていましたが、その内容を書物にまとめるには、この往復書簡方式がよいと思ったのです。

この方式がうまく機能するかどうか、試みに問題提起の部分を往復書簡の形式で書いてみようと思います。それがこの第1信です。読んでいただいて、この方式で進めることにご賛同いただけるようであれば、返信の形をとった第2信をお願いいたします。

⚜著者の自己紹介

これから現代日本の民法学について語り合うことになりますが、はじめに私たち二人のことを少し説明しておいた方がよいかと思います。履歴については「著者略歴」を、業績については「文献略語・出典一覧」と以下の本論そのものを見ていただくことにして、二つの点に触れておきます。

一つは、私たちが同世代に属するということです。私が最初のフランス留学から帰って本格的な研究活動を始めたのは一九八九年、元号で言えば平成元年でした。小粥さんが研究者としての歩みを始められたのもこの頃だったかと思います。若干の年齢差はあるものの、私たちはほぼ同世代に属し、平成日本（二一世紀日本）の民法学の展開に関与してきたことになります。

こうして同時代を生きて経験を共有してきたとしても、現状認識や将来展望に隔たりがあるのは当然のことです。一人の研究者が考えられること・できることには限度がある上に、それらは容易には重なり合いません。しかしそれでも、時代の共有は経験を語り合う基盤になります。と同時に、ある種の偏差をもたらすことにもなるでしょう。本書では良くも悪くも、二人の同世代の民法学者が、現代日本の民法学をどのように見ているかが語られることになります。

もう一つは、小粥さんも私も、ともにフランスに留学しており、フランス民法学の強い影響を受けているということです。また、その影響の受け方も共通しているように思います。私たちの著書を一覧すれば容易にわかるように、私たちは、方法への関心の強い著者であると言えるようです。

もっとも、フランス民法学をどのように評価するのか、という点では違いもあります。私の見るところ、小粥さんはフランス民法学のあり方に対して全面的に肯定的なわけではないようです。私自身は、おそらく小粥さんよりは楽観的であり、フランスの社会と法と法学から汲み取れることは多いと考えています。しかし、フランス民法学だけが民法学のあり方だとは思っていないし、フランス民法学の利用の仕方については再検討が必要だと感じています。研究対象が同じであっても、これに対する姿勢は一様でありません。現代日本において、「民法学」に関して考えるにあたっては、この点も重要な論点となると思います。

⚜学生と学説の「別居」

順序が前後しましたが、ここで本書執筆にあたっての私の現状認識を述べておきます。

一九九〇年代には民法学の方法論が様々な形で語られることが多かったように思います。ところが、二〇〇〇年代に入ると状況は大きく変わりました。この変化には司法制度改革が二重の意味で作用しているように思われます。まず第一に、二〇〇四年に法科大学院が発足しました。これによって、法学教授たちの仕事の重点は研究から教育へとシフトすることになりました。第二に、二〇〇六年ころから債権法の改正への動きが現実化しました。これらは、法学教授たちの関心の重点を解釈から立法へとシフトさせました。以上の変化によって、判例と学説が相互参照を繰り返しながら、よい法が求められて民法の解釈が更新されていく、という従来の暗黙の前提が揺らぐようになりました。

その結果として、民法学のアイデンティティもまた揺らいでいるのではないでしょうか。一方で実務家育成のための教育を指向する法科大学院教育は、ともすれば現行法の修得に焦点を置くようになりがちです。

これは学説の軽視を導きます。また、学説はいまだ教育との関係を十分に意識するに至っていないように見えます。他方、法源の中心は立法にシフトしたにもかかわらず、学説はこれにも対応できていません。もちろん、個々の立法論は盛んに展開されています。しかしながら、司法過程というある程度まで閉じた（専門性の高い）回路ではなく、立法過程という開放された（政治性の高い）回路にどのように働きかけるべきか、また、立法過程をどのように分析すべきか。これらの点については、課題そのものが十分に意識化されていないように見受けられます。

かつて学生たちは、民法を学ぶということは、現行法を知ることだけでなく、あるべき法を探究することだと考えており、その助けになるものとして学説を位置づけていたと思います。学説もまたその期待にある程度まで応えていたのではないでしょうか。ところが、いまではこうした想定は現実離れし始めています。学生と学説との関係は、「離婚」にまでは至らないとしても「別居」状態にあるように思われるのです。

⚜現代日本の民法学の自画像を描く

今日、多くの民法学者は教育に大きなウエイトを置くようになっています。また、立法に関与した学者たちはその作業にも時間をとられ、それ以外の学者たちは提示される立法論の批判に忙しくしています。「民法」の改正は学界の大きな関心事になっていますが、いったい、現代日本において民法学者は何をしているのか、何をすべきなのか。こうした問いを立てるいとまもないうちに、多くの学者たちは疲弊し、「民法学」はその活力を失いつつあるかのごとくです。

現代日本において民法学者は何をしているのか、そして、何をすべきなのか──民法学が活力を回復して、学生との別居状態を解消するには、このように自問してみることが必要ではないでしょうか。今日、民法学に対する学生の関心が低下していることを嘆く向きもあります。しかし仮に、学生諸君に向けて、なぜ学説に関心を持たないのかと問うたならば、前記のような反問がなされるのではないでしょうか。

振り返ってみると、一九九〇年代は方法論が熱く語られた時代だったと思います。その際の主要な論調の一つは、事実優先の社会学主義に対して議論重視の論理主義を対置するものでした。このアンチテーゼはある意味ではかなりの程度の成功を収めました。特に、法律家の養成にシフトした法学教育の必要性を説くことは、時代の要請を先取りした形にもなりました。しかし、アンチテーゼがアンチテーゼとして機能したのは、テーゼが存在したからでしょう。ところが、いまや一昔前の日本民法学が持っていた（そして学生たちにも伝えられていた）柔らかで開放的な論理が失われつつあるように感じられます。先ほど、戦前世代の退場に触れましたが、かつて論争を繰り広げた（一九七〇年代初頭における）広中教授と星野教授、（一九八〇年代末における）星野教授と平井教授は、今となっては同じ学問論を信奉していたようにさえ見えてきます。

個々の研究者はわずかに重心を移動させただけだったのかもしれませんが、学界全体として見ると、（おそらくは主唱者の意図とは異なり）単純な論理主義、あるいは偏狭な規範中心主義と受け止められかねないメッセージを学生たちに発する結果になっているのではないでしょうか。さらに、批判者が強く意識していた方法論的な視点も希薄化してしまったように思います。これらもまた、現在の日本民法学の魅力を失わせているように思います。

もちろん、一九九〇年代に交わされた議論は無駄な議論だったとは思いません。それを踏まえて展開された研究は大きな成果を収めたとも言えます。また、二〇〇〇年代における教育や立法の展開もある意味では歴史的な必然性を持っています。平成の最初の一〇年と次の一〇年のどちらをも経験した世代の民法学者は、両者の連続面にも相応の配慮を払いつつ、二つの時代を位置づけているのかもしれません。しかし、それは少なくとも外部からは見える形にはなっていないように思います。この点に最大の問題があるのではないでしょうか。たとえば、一九九〇年代に展開された池田（真朗）＝道垣内（弘人）論争、森田（修）＝潮見（佳男）論争[*1]の意義につき、私たちは十分に言語化してはいません。これらの論争と二〇〇〇年代の民法学とがどのようにかかわるのかが明示されなければならないはずです。そうでなければ、その先に二〇一〇年代の民法学を展望することは望めません。

⚜研究者を育て、支援者を求める

民法学が何をしているのか。このことが積極的に語られていないため、後続の世代、これから民法学を志そうという世代にとっては、そのことの意味が見出しにくくなっているのではないでしょうか。実務指向の強まった法科大学院時代において、研究者の養成は困難になってきていますが、その原因の一部は、今日における研究者（民法学）の存在意義が提示されていない点に求められると思うのです。私自身は民法学の存在意義を疑っていません。それならば一層のこと、「民法学」とは何なのか、何のためのものなのかを改めて示さなければならない。そう思うのです。

もっとも、「民法学」に関する書物を書こうとするのは、それだけが理由ではありません。法学部や法科大学院の学生の多くは、民法学者になるわけではありませんし、法学者だけが法律家でないことも言うまでもないことです。では、法学を学ぶ多くの人々にとって、民法学はどのような意味を持つのか。また、法に携わる多くの人々にとって、民法学はどのような意味を持つのか。この点に答えることができなければ、民法学研究は社会的な承認や支援を得られないでしょう。

学者主導で始まった債権法改正に対して、少なくとも当初は実務家（弁護士や裁判官）は必ずしも好意的ではありませんでした。学説の役割に対する理解が十分ではない、あるいは欠落するようになってきていることも、その一因かもしれません。（広い意味での）法律家の養成の面だけでなく、法形成の面において実務との連携を図っていく上でも、民法学の存在意義を言語化する（少なくともその手がかりを示す）ことは急務であるように思われます。

⚜これからの話の進め方について

最初の手紙ですので、この程度にしておきたいと思いますが、最後に、これからの話に進め方について提案をさせていただきます。他人の業績を俎上に載せて評価・批評するのではなく、私たち自身がこの四半世紀の間、どのように考えて、どのように書いてきたのか。自分たちの研究生活に即した形で、民法学について語り合うこと。これが本書執筆にあたっての基本的な前提でした。

では、どのような順序で話を進めていくかということになりますが、この点については、合同ゼミの時とは少し順序を変えて、おおむね時代に沿って進んで行ってはどうかと思います。具体的には、全体を、一九九〇年代、二〇〇〇年代、二〇一〇年代に三分して、それぞれを基礎と方法、立法と教育、回顧と展望に二分してみてはどうでしょうか。

これらは、本書で私たちが試みようと考えている「展望」を除けば、それぞれの時期に私たちが重点を置いてきたことだと思いますが、それだけではありません。一方で、それぞれの時代を特徴づける要素であるともいえますし、他方、一人の研究者のライフ・ステージに対応するともいえます。つまり、個人研究史という観点からだけでなく、民法学史あるいは民法学者のキャリア・イメージという観点から見ても、意味のある枠組みだと思うのです。

一言申し添えますと、日本民法学の転換点は一九二〇年代初頭と一九八〇年代末にあると言ってよいでしょうが、この間にあるのが二〇世紀（大正・昭和）日本の民法学であるとすれば、一九八〇年代末から後に来るのが二一世紀（平成）日本の民法学ということになります。そして、二一世紀日本の民法学は、司法制度改革の前（一九九〇年代）と改革以後（二〇〇〇年代―）に分けられる。これまで十分に語られてこなかった私たちの時代の民法学は、直接には、ポスト司法制度改革期の民法学であるけれども、これを十分に理解するためには、改革以前の民法学、ある意味ではプレ改革期の民法学を視野に入れる必要がある。以上が私の基本的な認識です。

もちろん、書簡を交換するなかで、このような理解は更新されていくことになるかもしれません。しかし、現段階での作業仮説としては、このような見方に立ってもよい。そう受けて止めていただけるのであれば、さしあたり、前述のような順序で話を進めたいと思います。

⚜もうひとつの問題意識を

一方的なアジェンダ・セッティングに戸惑われたかもしれませんが、いただけるであろうと期待している返信（第2信）では、合同ゼミの導入の際に小粥さんが参考文献に挙げられた「民法学説の役割を語る」（小粥①）を素材として参照しつつ、小粥さんの側の状況認識をお示しいただき、問題提起をしていただければと思います。もちろん、話の進め方についての修正提案があれば、それもあわせてお願いいたします。では、お返事をお待ちしております。

なお、読者には、以上の説明だけでは、これからの話の進め方をイメージしてもらうのが難しいかもしれません。目次には、全体の概要を示してありますので、そちらもあわせてご覧いただけると幸いです。

大村敦志

＊1　瀬川信久「民法解釈論の今日的位相」同編『私法学の再構築』（北海道大学出版会、一九九九）において、「関連づけ」という観点から、論争参加者の議論に対する言及がなされてはいる。

第2信　民法学説の現況

大村敦志 さま

ご提案をうけて

第1信を読ませていただきました。数年前、仙台で、大村さんから、この本の企画のご提案をお聞きしたときには、驚きました。民法学に関する大村さんの本の共著者がなぜ私なのか、わからなかったのです。お引き受けすることに躊躇がなかったわけではありません。しかし、大村さんのお話しを聞きたいという欲求は抑えられず、話相手という役回りであればひょっとして私でも務まるのではないかと思ったこと、そして、大村ゼミと小粥ゼミの合同ゼミが、自分自身にとって、貴重な勉強の機会になるはずだと考えることにしまして、蛮勇をふるって、参加させていただくことにした次第です。よろしくお願いいたします。

民法学の危機？

はじめに、いま、「民法学を語る」意味について、私からも、状況認識をお示しするのがよさそうに思います。大村さんの第1信に少しだけ付け加える、というイメージです。

今回の企画の背景ないし遠因には、民法学に魅力を感じる人が減ってきたのではないか、という民法学者・教師の危機感があるものと推測しております。

この危機感は、現象としては、たとえば、民法学者・民法教師という進路を選択する若者が減少している、という形をとります。実際、法科大学院での勉強を終えて、あるいは法学部を卒業して、大学院進学するという形で、学者・教師を志す人は、私の周囲にほとんどいません。法科大学院制度がはじまる前には、それなりにそういう進路をとる人々がいたにもかかわらず、です。

大村さんのおっしゃるように、とくに法科大学院において、学生と学説とが別居状態にある、というのは、悲しいことです。真剣勝負で、法律問題の解決に向けて智恵を絞らなければならない舞台に上がれば、別居しているわけにもいかず、協力せざるをえないと思うのですが、一―二時間で判例文献調査もせずに大急ぎで書き上げる答案ばかりを頭に置くと、別居も仕方ないのかなあという気もして、やるせなくなります。

問題は、学者・教師を志す人が減っているように感じられる原因、あるいは学生と学説とが別居状態に陥った原因です。教師の教え方が下手になったために、学生が民法学に魅力を感じなくなっているのであれば、教育技術を磨くことで、問題は解決できるはずです。しかし、民法学それ自体が、現在の若者、あるいは知的世界の中で、魅力を失っているのだとすると、状況は深刻です。

人文・社会科学の危機？

ひとまず、少し視野を広くとって、人文・社会科学というくくりで考えてみます。文部科学省設置法によって同省に置かれることになっている審議会に、科学技術・学術審議会というものがあるようです。この審議会は、学術の振興について調査審議することを任務に含んでおり、その一環として、審議会およびその下部組織が、断続的に、人文・社会科学の振興策を議論しています。そこで指摘されている問題の一つが、人文・社会科学全体の行き詰まりです。日本が明治時代に輸入した西欧の学問は、彼の地で諸学が専門分化を遂げた時代のものであったため、これを出発点とした日本の専門各分野は、なかなか総合的な、あるいは分野横断的な学問にならない。また、学問が現実の社会問題に立ち向かうのではなくて、他人の問題を研究する、あるいは西欧の学問を研究する、「『学問』学」のようなことになっているというようなことが、あらためて指摘されています。これらは、日本の民法学についても、あてはまる部分が少なくない。民法業界内部の問題を解決しようとするだけで、現在の日本で直ちに解決すべき問題に取り組まないようにみえる研究は、たくさんありそうです。

加えて、国家の財政難による大学への予算配分の減少、各大学の脆弱な財政基盤、国立大学の法人化による大学自治と学問の自由をめぐる議論自体の雲散霧消など、学問を危機に陥れる材料には事欠かないように思います。

そうだとすれば、危機に陥っているのは、民法学だけではなく、日本の人文・社会科学全体だということなのかもしれません。

しかし、民法学が、人文・社会科学全体とともに危機にあるというのも、私にはしっくりこないところがあります。昔から、民法学ないし法学は、パンのための学問などといわれ、卑しまれつつも、裁判や立法を支えて社会の役に立つという点で、人文・社会科学の一般的世界とは別の次元で、その存在意義ないし重要性が肯定されてきたのではないかと思うのです。

そして、現代日本の法学部や法科大学院には、試験のために勉強するという事情があることを割り引いても、多くの学生たちが、適切な紛争解決のため、あるいはより良いルール作りのため、熱心に勉強をしています。民法学者・教師がそこに立ち会うという現在の法学部・法科大学院の環境は、専門の壁や立場の違いを越えて、自らの問題を解決するためにせっせと智恵を絞るべき制度になっているという意味では、民法学にとっての好機とみることもできます。

というわけで、ここでは、「民法学の危機?」という問題を、人文・社会科学全体とは別に考えたいと思います。

民法学説の役割

大村さんからの第1信では、「民法学説の役割を語る」(小粥①)という鼎談記録に言及がありました。加藤雅信先生、加藤新太郎判事をホストとして、毎回一名のゲストが加わる「民法学の新潮流と民事実務」という連載のうちの一回で、私が、民法学説の役割というテーマで、お話しをさせていただいた回にあたります。

そこの中で私は、学説の役割に関する一つの模範解答として、民事訴訟法の竹下守夫先生のご講演を引用しました。竹下先生は、「民事訴訟法学説は、民事訴訟法に関する知の創造、体系化、伝承を通じて、一方では、法学教育の基礎を、また他方では、裁判実務に拠るべき指針を提供し、さらに立法のための提案・資料を用意して、民事訴訟制度の継続的改善・改革に努めることを、その社会的役割としていると申せましょう。」「われわれ学者の現実の研究活動は、まさしくこのような民事訴訟法学の社会的役割の遂行に参画することを目的として行われている、と評価できるのではないでしょうか。」（竹下「民事訴訟法における学説と実務」民事訴訟雑誌四六号〔二〇〇〇〕二〇頁）とおっしゃいます。民法学説の役割についても、これは模範解答だと思うのですが、しかし、民事訴訟法と民法とは少し違うような気がしますし、竹下先生だからこそ、この解答でよいというところがあるようにも思います。

まず、民事訴訟法と民法が違う、ということですが、民事訴訟法は、倒産法も含めて、立法・裁判の実務と学説とが、このところ、幸福な関係を構築しているようにみえるのです。たしかに、かつては、司法省（法務省）、裁判所と弁護士会との関係がなかなか難しい時代があったようですし、訴訟物理論など、学界通説が実務に受け容れられないといったことはありますが、立法についてみますと、民事執行法制定、一連の倒産法改正、民事訴訟法の全面改正など、民事訴訟法分野は、継続的に大きな立法課題を設定して、実務法律家と学者とが、文字通り力を合わせて立法を行ってきたといえるのではないでしょうか。私より少し上の世代の民事訴訟法学者の何人かは、民事訴訟法や倒産法の条文について、「われわれが作った」という言い方をなさるのですね。われわれが法制審議会でこういう議論をした結果、条文がこうなっている、と。「われわれ」というのは学者のグループというよりは、立法の実務を担う、法務省、裁判所、弁護士会と、学者のすべて含む表現のように感じられまして、こういう一体感は、民法分野では希薄なのではないか、と思ったことでした。同じようなことは、立法でなく、裁判実務との関係でも感じられることでして、それは、民事訴訟法という分野が、裁判官・弁護士を主要なターゲットとする、つまり法律のプロのための領域なので、話が通じやすいからなのではないか、などと想像しております。法律のプロ同士で、それぞれ得意なところを持ち寄って、民事訴訟制度の改善に貢献していく。これに対して民法は、関係者が——消費者が典型ですが——法律のプロ以外にも広がりますし、対象も、民事訴訟制度という明確な制度ではなく、社会のあり方全体にかかわるようなことになりがちなので、ちょっと違う、ということです。

つづいて、竹下先生だからこそ、という点です。竹下先生は、法学教育の基礎形成と民事訴訟制度の継続的な改善・改革に、直接間接に、大きな貢献をされていらっしゃいます。しかし、法学教育とも現行民法とも、直接には関係がないようにみえる学説も、とくに民法の分野では、もう少し重要な意味があるのではないか。だとすれば、学説の役割も、もう少し幅広いものと想定したほうがよいのではないか、などとも思っております。

さらにラディカルなことかもしれませんが、具体的な解釈論や立法論の局面では、今後、民法学者が独自の存在理由を示すことは容易ではないとも思っています。明治時代に民法典が出来たばかりの時期、判例・学説の蓄積が乏しかった時期はともかく、現在では、解釈論を念頭に置いて、裁判官になったつもりで想像してみますと、配点された事件について、直接間接に関係する最高裁判例を探し出して判例と調査官解説を読んでおけば、あとは、たいがい、手持ちの道具でなんとか問題を解決できるところまで来ているという印象を持っています。わからないことについて、偉い学者の書いた本を読んでみなければならない、という事情はあまりなさそうです。立法論にしても、外国法の知識を学者が独占しているというようなことでもあればともかく、そんなことはないのですから、やはり、独自の貢献をすることは難しい。それでも、それぞれの学者がそれぞれに割り当てられた仕事をこなして、民法の解釈・立法に貢献していくということでもよいのだろうとは思います。しかし、それではなんだか面白くない。面白くないというのは少し格好を付けた言い方で、私の場合は、竹下先生のおっしゃるようなスタンスで民法の解釈論や立法論をやったとしても、裁判官や弁護士、お役所の方々よりも上手に出来るとは思えず、かといって、その準備作業――たとえば日本の判例・学説の調査にせよ外国法の調査にせよ――も、喫緊の課題であれば関係者がチームを組んであっという間に完成させてしまうでしょうから、やはり居場所はない。そうなると、私は、肩書は民法学者・教師ではあるけれど、いったい何をすればよいのか。教育活動以外に固有の仕事はないような気がして参ります。こういう問題にとらわれたまま、ずるずると今日まで来てしまったというのが正直なところです。

少し話がそれますが、大村さんの民法教科書――『基本民法』（全三巻。有斐閣、初版二〇〇一―〇四）――は、こういう意味での具体的な解釈論や立法論についての記述が、とてもあっさりしていて、つまり、そういうところが大事なのではない、というメッセージを発信している面があるように思えまして、一方的に共感しています。

民法学を語ることができるのか？

私自身の状況が以上のとおりですので、普通に考えれば、民法学を語ることなどできるはずがありません。しかし、第1信における大村さんのご提案によれば、今回の往復書簡では、他人の業績ではなくて自分のことについて語ることになっています。

大村さんは、『民法学説百年史』（加藤雅信編集代表。三省堂、一九九九）、『民法研究ハンドブック』（共著。有斐閣、二〇〇〇）など、民法学説について語る機会があったにもかかわらず、ご自身の研究について語ることは控えておられたようにお見受けしておりました。なので、今回、大村さんが、ご自身の研究について語られることを、私自身は、たいへん楽しみにしております。これまでの大村民法学をふりかえることは、これからの日本の民法学を考えるについて、欠かせないプロセスだと思うからです。

これに対して私のパートはいったいどうなることでしょう。悶々としつつも苦し紛れに書いてみたわずかな研究成果について反省の弁を弄することで、せめて、若い方の反面教師になることができるでしょうか。自分では、これから数年の間にやってみたい研究といいますか、本づくりのおぼろげな作戦を立てつつあるのですが、今回の書簡の往復を機会に、前進のための光明を見いだすことができれば嬉しい、という期待を持ってはいます。さらに、図々しいついでに申しますと、私のように泥沼にはまってしまっているかどうかはともかく、私が悩んでいるような問題を、ある程度は共有してくださる法学者・教師は、一定数、存在するのではないかという希望的な観測も持っております。ごく最近でも、それぞれ力点の置き所は違うのですが、たとえば、山元一さん、横山美夏さん、高山佳奈子さんたちの企画（「グローバル化と法の変容」法律時報八七巻四号（二〇一五）以下に断続的に連載中）は、日本法学の外国との関係での内向的性格を批判するなどの観点から、法学のあり方の見直しを試みるものに映りますし、吉田邦彦さんの研究――最近のものとしては、『東アジア民法学と災害・居住・民族補償（前編）』（信山社、二〇一五）――は、日本の民法学が社会問題に寄せる関心の弱さを嘆じて、自ら現場に出向いてみせることによって、社会と切り結ぶ民法学の再生を実践しようとしておられます。いずれも、日本の法学・民法学がこのままでよいのか、という問題意識が共有されていることはたしかだろうと思うのです。この観測が正しいとしますと、今、この時期は、日本の法学・民法学にとって、何度目かの転換期だということになり、私のような人間が無理矢理に民法学について語ってみることにも、世間との関係で、意味がないではないような気がしてきます。大村さんが今回の企画にお誘いくださったのも、そういうことをお考えになってのことでしょうか。

転換期？

ところで今、民法学の転換期ということを申しました。たしかにそのような気配を感じないではないのですが、私の考える転換というのは、コペルニクス的転換のようなものではありません。少なくとも私には、これまでの民法学の伝統をばっさり捨てて、新しい民法学を構築するなどということは想像がつきません。日本の、ヨーロッパに比べれば短い民法学の歴史をざっとふりかえりますと、大胆な転換とも思えるような企図がみられた時期もあったように思います。とくに、一種の「科学」をストレートに民法学に結びつけたような研究が流行した時期が思い浮かびます。その種の研究の多くは、土俵を共有した人々の間では、一定の意義を持ったはずですが、当時においても、そして現在からみればなおさらですが、後続世代に継承されにくい研究になりがちではないか、という感想が浮かんでしまいます。

私自身は、日本の裁判・立法の実践を常に念頭に置きつつ、裁判官・弁護士と空間を共有しつつ、しかし、裁判官・弁護士とは異なる職分を果たす者として民法学者・教師を想定したいのです。学者の世界だけとか、学者と学生だけとか、そこに市民が加わるとしても、法律家共同体から離れてしまうのはもったいないと思っております。ほんとうなら、このことを論証しなければいけませんが、今日は言いっ放しです。別の言い方をいたしますと、自分でどこまで直接取り組むかはともかくとして、具体的な法令・判例、立法論・解釈論をある種のコアと申しますか、共通言語とするような形で、「法」学としてのアイデンティティを維持する、ないし法システムを維持することを前提に、民法学の展開を考えたいのです。

評価軸

コペルニクス的転換でないとするなら、これまでの民法学の魅力についても、正当に評価を与えるべきことになります。自然科学の分野であれば、画期的な業績というのは、その分野の教科書に新しく書き加えられることになるから、何が優れた研究であったかは、客観的にわかりやすい、という話を聞いたことがあります。民法学については、たとえば、代理とか、法人といった法的仕組みは、まさに画期的な発明で、不可欠のインフラになっています。凄い発見ないし発明です。しかし、現代の民法学において、同じレベルでの画期的業績は期待できそうもありません。もっとも、倒産隔離とか証券化の法技術などは、経済社会の雰囲気をも反映した発明かもしれません。

民法学は、新しければいいとか、人が言っていないことを言えばいい、ということでもないと思っています。民法学の業績を、論文の被引用数で評価するのも難しいでしょう。被引用数を稼ぎたいのであれば、現在の民法学の文献引用に関する暗黙のルールから察するに、よく論じられる問題について支配的な見解と反対の結論を強調することを繰り返すことで目的を達成できそうです。

しかし、優れた研究とそうでない研究には、たしかに違いがあり、そうした評価軸が、もう少し共有されることも、民法学の展開には必要なことであるように思います。私は、研究が芸事のようなものではないかと考えることがあります。芸事の場合、たとえば、師匠と弟子が、同じ古典のテキストを演じているようにみえても、目利きは、しっかりその違い——座標軸は良い悪いだけではなくていろいろあると思います。先代を偲ばせるかどうか、など、ほんとうにいろいろ——を観察しますね。見る側としてそういう観客になる、あるいは、演じる側として芸達者になるためには、そのあたりの評価軸をつかみとる必要があると思うのですが、芝居なり音楽なりであれば、達人たちの芸を見比べ聞き比べ、目利きのおしゃべりを耳にしているうちに、少しずついろいろなことがわかってくるのでしょう。これに対して、民法研究については、難しい部分があるように思います。そもそも、研究の中身の前提となる知識の次元で観客がつまづくことが多いように感じられるからです。学生の立場になって想像しますと、論文を読もうと思っても一人では難しくて読みこなせない、法学部や法科大学院に在籍していても、まとまった数の良い論文に接する機会がなかなか持てないのでしょう。そもそも芸に接する機会が乏しければ、なかなかその先の、芸を凝らしたところを味わうところまでたどり着かない。しかし、ある程度共有された評価軸はあると思うのです。その意味でも、大村さんが、ご自身の研究をご自身で語ってくださることには、観客にとっての鑑賞のハードルを下げ、芸を味わうところまで案内していただけることになりそうで、楽しみです。

そろそろ、大村さんの次のお手紙に委ねることにします。民法学が危機にあるかどうか以前に、まず、これまでの民法学について、大村さんのお仕事を通じて振り返っていただく、ということになるでしょうか。

小粥太郎

第1章　一九九〇年代日本の民法学
——基礎と方法——

第1節　民法学と外国法
第2節　民法学と方法

第3信　公序良俗から典型契約へ

小粥太郎 さま

⚜メタ・レベルの関心

加藤雅信・加藤新太郎の両氏がホストとなって二〇〇〇年代の半ばに行われたインタビュー・シリーズ「民法学の新潮流と民事実務」に、ゲストして招かれたのは当時四〇代から五〇代の民法学者約二〇人でした。このシリーズは後に『現代民法学と実務』（判例タイムズ社、二〇〇八）という三巻本にまとめられて出版されましたが、その際に、小粥さんの「民法学説の役割を語る」（小粥①）は「民法学と民法学方法論」と改題されて、下巻の最後に、いわば結論の位置を占めるものとして置かれることになりました。

このテーマを提案したのは加藤新太郎判事だったようですが、それは慧眼だったと思います。この時点で、小粥さんは後に『民法学の行方』（小粥③）にまとめられる論文のいくつかを書かれており、加藤さんはそこに、他のゲストたちとは次元の異なるものを感じたのだろうと思います。小粥さんのこのようなスタンスは、同じ時期に書かれた「日本の民法学におけるフランス法研究」（民商法雑誌一三一巻四＝五号〔二〇〇五〕）にもよく表れています。これは加藤さんの提案に応じて、私が企画を立てて司法研修所で行った比較法に関するシンポジウムの報告原稿ですが、英米法に関する松本恒雄報告がアメリカ法につき、ドイツ法に関する潮見佳男報告がドイツ法学につき、その特色を指摘するものであったのに対して、小粥報告はフランス法でもフランス法学でもなく、日本のフランス法研究について語るものだったからです。

小粥さんが、このようなメタ・レベルの関心を持つに至ったのにはいくつかの理由があるだろうと思います。たとえば、司法修習を経てから研究生活を始められたこと、研究生活の途中で法務省に出向されたことなどを通じて、司法・立法の実務に格別の関心を抱いていたということもあるでしょう。しかし、それだけではないようにも思われます。日本の民法学とはかなり異なる立ち位置にあるように見えるフランス民法学との遭遇も、何らかの影響を及ぼしているに相違ありません。また、このような関心は二〇〇〇年代の半ばになって顕在化するわけですが、実は、それ以前の論文、特に、すぐ後で話題にすることになる最初の論文（第一論文）に伏在していたのではないかと思います。

いま振り返ってみると、同じことは私自身にも言えるようです。さらに一般化をするならば、一九八〇年代の後半から一九九〇年代の半ばにかけて、第一論文を執筆して学界にデビューした私たちの世代の民法学者は、程度の差はあれ共通の道を辿ったようにも思えます。そこで、この第3信ではまず、一九九〇年代の民法学界の状況に簡単に触れて、その上で、私の第一論文（および内容上はこれと双子の論文であるともいえる第二論文）を素材にしつつ、より立ち入った検討をしてみようと思います。

第1信にも書きましたように、一九九〇年代の日本民法学を特徴づけるのに、私は「基礎研究と方法論」を挙げました。これに対しては、基礎研究はいつの時代にもなされているし、方法論に一定の関心が寄せられるというのも特定の時代に限ったことではなかろう、という疑念が投じられるかもしれません。確かにその通りではあるのですが、この点に関しては次の二つの事情を指摘しておいた方がいいように思います。

一つは、日本民法学において基礎研究重視の第一論文のスタイルが確立されたのは、一九七〇年代から八〇年代初めにかけてであったということです。私たちの一つ上の世代の人々が様々な模索をする中で、だんだんといくつかのスタイルができ始め、私自身が論文を書き始めた一九八〇年代初めには、ともかく既存のスタイルを下敷きにすることができるようになっていました。その意味では、八〇年代から九〇年代にかけて私たちの世代が第一論文を書いた時期というのは、安定した基礎研究の積み重ねがなされるようになり始めた時期だったと言えます。

もう一つ、以上のことと表裏一体であるともいえますが、だからこそ、私たちは先行世代の基礎研究の手法を模倣するだけでよいのか、そもそも、こうした基礎研究にはどのような意味があるのかということを、常に考えていたと思います。第1信でも触れたように、ちょうど一九八〇年代末に星野（英一）＝平井（宜雄）論争[*1]が始まり、従来の研究方法が見直されつつあったということもありますが、むしろ私たちは、第一論文を書く中で、それぞれ自分なりに方法論について考えていた。そんな折に論争が始まったというのが私の実感です。そのため、私たちの世代には、方法論に対する意識の強い人が多いように思います。中には方法論そのものを論ずることを意図的に避ける人もいますが、それもまたある種の方法意識の表れであるように感じます。

⚜第一論文から第二論文へ

以上のような事情を背景に、私たちは一九九〇年代に研究を進めていました。ここで一言補足をしておきたいことがあります。それは、小粥さんと私の間には少しだけ年齢差があります。そのため、私の第一論文には一九八〇年代の民法学の痕跡が色濃く残されており、一九九〇年代の民法学としての特徴をより強く帯びているのは、第二論文の方であるということです。これは、私と年齢の近い研究者、たとえば、道垣内弘人さんや山本敬三さんにも見られる現象だと言えます。

私の第一論文・第二論文というのは、『公序良俗と契約正義』（大村①）、『典型契約と性質決定』（大村②）として刊行されているものです。最初に東京大学の「法学協会雑誌」に掲載されたのは、『公序良俗と契約正義』が一九八七年、『典型契約と性質決定』が一九九三―九五年であり、前者は私の助手時代（一九八二―八五年）の研究成果、後者は私の最初の在外研究（一九八七―八九年）の研究成果です。いずれも外国法としてはフランス法をとりあげて比較の対象としていますが、その方法はずいぶん異なっています。

このあたりに、八〇年代的なものと九〇年代的なものの異同が現れている、と今では思うのですが、結論を急がずに、これらの論文を書くに至った経緯をお話ししていきましょう。若い研究者が最初に論文を書き上げるまでのプロセスがどのようなものであるのか。民法研究のイメージを持っていただくのには、この点から出発した方がよいでしょうから。

⚜契約法の基礎理論

どうしてこれらの論文を書くことになったのか。整った学説史的な説明は、論文そのものの中に書き込まれます。しかし実際には、論文のテーマと方法とが定まるまでの間に、様々な模索がなされます。その際には、いろいろな事情が作用します。特に、第一論文のテーマ選択は、駆け出しの研究者がまず直面する大きな課題です。世の中には「この問題を解きたいがために研究者になった」という人もいますが、多くの人は研究生活の中で自分のテーマを絞り込んでいきます。

私の第一論文のテーマ決定にも複数の事情が作用しています。一つ目は、山口俊夫先生[*2]のフランス法講義で「レジオン[*3]（lésion）」という奇妙な法理に遭遇したことです。後にこの法理には、旧民法典の起草過程で規定が削除されるというドラマがあったことに気づきます。二つ目は、市場における取引モラルに関心を持っていたことです。学生時代に西洋経済史学における「局地的市場圏」[*4]（大塚久雄）や経済学における「マークアップ原理」[*5]（森嶋通夫）などを勉強しましたが、原価に一定の適正な利益を上乗せするという考え方に親近感を抱いていました。三つ目に、当時、フランスで契約正義論が語られ始めていたこと、四つ目に、実質的な契約自由論（石田喜久夫、原島重義両教授など）とは違う観点から契約規制を考えてみたいと思っていたことがありますが、これらは内外の学界の趨勢ということになります。

一九七〇年代に約款規制や消費者取引が関心を集めたこともあって、これらの実践的な課題とかかわりのある契約の基礎理論は、流行の研究領域であったと言えます。私自身もこうしたトレンドに乗った形になりますが、ただ流行に従うというだけでは論文は書けません。検討の素材は学部での外国法講義によって与えられ、検討の方向性は戦後日本社会に対する基本的な見方（大塚経済史学や丸山〔眞男〕政治史学が持っていたある種の倫理性）から汲み取ったということになるのでしょう。

⚜「失われた法理」の発見と新しい裁判例の登場

私は、フランス法のレジオンという法理に現れていた契約における均衡の確保という考え方が、日本法にも導入されようとしたがうまくいかず一度は消滅した後に、公序良俗違反の一類型としてドイツ法から学説・判例が導入した暴利行為論の中に現代的な形で再生するというストーリー（制度史であると同時に理念史でもある）を描き出そうとしました。それだけでは歴史的な事実の発見にとどまりますので、この法理には現代的な活用可能性があることも示したいと考えました。

私が研究生活を始めた一九八〇年代初めには、公序良俗違反の法理はあまり魅力のある法理とは考えられていませんでした。というのも、暴利行為論は代物弁済予約の規制にはしばしば用いられたものの、清算義務の法理が確立したことによって、その役割を終えたかのように理解されていたからです。しかし私は、下級審には、新たな問題に対応するために、この法理を活用しようとしている裁判例が少なくないことに気づきました。特に、そのころ重要な課題となりつつあった消費者保護のために、この法理が利用されつつあると感じたのです。

以上は、日本法の状況に関する認識の更新を図るものでした。これは、フランソワ・ジェニー[*6]の用語を借りれば、「所与（données）」のうち事実的なものを明らかにする作業でした。しかし、当時の民法学はさらに進んで、解釈論への示唆を提示することを求めていました。程度の差はあれ、基礎研究には法実践に対して直接的に寄与することが期待されていました。

⚜暴利行為論の再編成と「契約正義」の提唱

そこで私は、一方で、暴利行為の判断枠組を柔軟化して、これを消費者保護のために活用すべきことを提唱しました。実際、下級審は、大審院以来の判断枠組に必ずしも従っていませんでしたし、暴利行為論の母国ドイツでも、判断枠組の柔軟化が様々な形で提案されていましたので、それらに依拠する形で議論を組み立てました。この部分は、ジェニーの用語では「所造（construits）」と呼ばれるものに対応します。日本ではこれを指して「理論」と呼ぶこともありますが、より広く法的構成を支える諸事実を含めて「理論」と呼ぶこともあります。

他方、私は、このような法解釈を正当化するためには、契約法の基本原理を再検討に付することが必要だと考えました。それまでは、契約自由が原則であり、場合によってそれが制限されるというのが一般的な考え方でしたが、当時のフランスでは、契約自由に対して契約正義を強調する考え方が現れつつあったことは、前に述べた通りです。私は、フランス・ドイツをはじめとする諸外国における立法の動きを調査して、ヨーロッパでは中世から一九世紀前半までは契約正義の考え方が支配的であり、一九世紀の後半に契約自由が強調されるようになるものの、二〇世紀に入ると再び契約正義の実現が重視されるようになったという大きな歴史の流れを描き出しました。そして、日本法の変化は、実はこの世界的な流れを圧縮したものであったと位置づけました。このように、世界的に見ても国内的に見ても、契約自由が強かったのはごく一時期のことに過ぎない。それゆえ現代においては、契約正義が契約自由と並ぶ基本原理であることを正面から認識する必要があると主張しました。

この作業は、先ほどの所与・所造という分類を用いるならば、所与のうち理念的なものを探究する作業だったと言えます。『公序良俗と契約正義』は、当時の基礎研究の標準的な方法を活用したものですが、理念的なものを重視するという点で、他の研究とは異なる方向性を含んでいたと言えるかもしれません。そしてそれは、その後、私の研究を通底する一つの特色となったように思います。

残された方法論上の問題

ところで、私たちの世代の民法学者の多くが抱えていた問題として、比較法的研究（認識）から解釈論的帰結（当為）を導けるかという問題がありました。その後に、系譜論的な比較法については、道垣内弘人さんや潮見佳男さんが明示的な形で疑念を提示し、これに対して突き詰めた形で応答したのが森田修さんでした（「私法学における歴史認識と規範認識」社会科学研究四七巻四号・六号〔一九九五－九六〕）。私自身は系譜論的な比較法に全面的には依拠せずに、いわば巨視的な比較法とも言うべきものも試みてみました。この種の議論からは、一義的な解釈論を導くことはできないとしても、変化の趨勢を語ることはできます。失われた原理の存在に人々の関心を引きつけるには、それで十分ではないかと私は考えました。

現在の私ならば、レイモン・サレイユの表現に仮託して[*7]、こうした比較法を進化論的な比較法と呼びたいところです。実は一九世紀末に現れた比較立法学は、そのような発想に立っていたと思われます。当時の発想の由来とその具体的な展開、そしてその限界を明らかにして、現代において再生させることはできないか。当時はそうした問題意識は明確にはもっていませんでしたが、私の第一論文の中に、このような発想の萌芽が含まれていたことに最近になって気づいた次第です。

⚜問題共有の意義

『公序良俗と契約正義』は、第一論文としてはそれなりの成功を収めたように思います。私が示した法解釈が、学説・判例にどの程度まで影響を与えたかは別にして、私が示した諸事実とそれに対する説明は、ある程度まで受け入れられたように思うのです。注意すべきは、これは私一人の力によるものではなかったということです。私の第一論文と相前後して、能見善久教授が、違約金の規制につき公序良俗違反を積極的に活用すべきことを主張する論文（「違約金・損害賠償額の予定とその規制」法学協会雑誌一〇二巻二号―一〇三巻六号（一九八五―八六））を公表されたのを初めとして、一九九〇年代に入ると、石田喜久夫教授や椿寿夫教授など年長の有力教授がこの問題の研究に着手されました。特に、椿教授は共同研究を組織し、『公序良俗違反の研究』（伊藤進教授と共編。日本評論社、一九九五）という大著を刊行されて、議論に拍車をかけられました。

その後、一九九〇年代の後半には、山本敬三さんが公序良俗違反の法理につき一連の論文を発表されました。これらは今日では『公序良俗論の再構成』（有斐閣、二〇〇〇）にまとめられています。私の考え方が、その後に発表した「取引と公序」における経済的公序論とあわせて、「契約正義＝経済的公序論」などと呼ばれることがあるのに対して、山本さんの考え方は、公序良俗違反の法理は基本権の保護のために用いられるという認識に立つものであり、「基本権保護論」などと呼ばれました。

こうして公序良俗論は一九九〇年代には、民法学の基本的な問題群（problématique）の一つとしての位置づけを獲得するに至ります。私を含む一群の民法学者たちは、公序良俗について現代にふさわしい論じ方を提示することができた、と言ってもよいでしょう。学説の成果というのは、個々の見解によってではなく、ここに見られるように集合体としての学説によってもたらされるということは、非常に重要なことだろうと思います。特に公序良俗論に関して言えば、そこに成立した議論空間は、私が先に述べた理念的なもの、その後の私の言葉遣いに即していえば、「政治的なもの」を含んでいたという点でも特徴的だったといえるでしょう。

私の経済的公序論は、私法＝公法峻別論を排して私法＝公法協働論を展開するものでした。市民社会＝経済社会ではなく、市民社会＝経済社会＋政府という図式を示したとも言えます。一九九〇年代を通じてのバブル経済の崩壊過程において、取引モラルが問われるという事態が増えていたこともあって、悪質商法はもちろんですが、損失補塡や競争制限のような行為が違法視される傾向が強まっていました。私法＝公法協働論は、このような経済社会の変化に結果として適合的であったために、経済法学者などからもそれなりの支持を得たのでしょう。

これに対して、山本敬三さんの主導した「民法と憲法」という問題提起もまた、実践的な帰結をもたらすだけでなく社会観にもかかわる側面を持っていたため、民法と憲法の両側から関心を集めることとなりました。そこには、社会主義の崩壊後の「市民社会」の登場という大きな背景要因も働いていたのかもしれません。

⚜一九九〇年代日本の契約法学

私自身も山本敬三さんも、同じ時代を生きる研究者として、私的なものが公共的なものに通じているという考え方を、異なる観点から説いたことになるのでしょう。これに対して、少し上の世代に属する内田貴さんは、私的なものの中に共同体的なものを見出して、関係的契約理論を展開しました（内田『契約の再生』〔弘文堂、一九九〇〕）。吉田克己さんは、私たち三人の議論を整理して、「国家本位」「個人本位」「社会本位」の契約理論という性格づけをしました（吉田『現代市民社会と民法学』〔日本評論社、一九九九〕）。吉田さんは、事実認識や法律構成にとどまらず、社会構成原理を含んだ契約理論が登場しつつあるという認識を示されたのですが、それは一九九〇年代の契約法学の特徴をよく捉えた鋭い認識だったと思います。

⚜システム全体を理解する視点

第二論文として書いた『典型契約と性質決定』は、その内容においては『公序良俗と契約正義』の姉妹編でした。第一論文では自由から正義へという視点の転換を説いたのに対して、第二論文では自由と正義の共存を説き、第一論文では契約の規制に重点を置いたのに対して、第二論文は契約の調整に関心を移しました。しかし、両者はともに契約に対する外的な規律を扱う点では、共通していたと言えるでしょう。

もっとも関心の発端やアプローチの手法について言えば、両論文は全く異なる観点に立つものでした。私は、一九八〇年代後半にフランスに長期滞在した際に、過去三〇年ほどに遡って主要な学位論文を検討し、フランス契約法学の大きな動きを把握しようとしました。その際に様々な研究を総括する視点として抽出したのが、「契約類型」というものであったわけです。具体的には、「契約類型」を基軸にして多数の研究を五つのレベルに分類してみました。①（売買・贈与そのほかの）個別の契約類型に関する研究、②各種の契約類型をどのように分類し、非典型契約にどのように対処するかという研究、③契約類型・コーズと性質決定の関係に関する研究、④裁判官はいかにして契約法の規定を適用するのかという研究、⑤立法や慣習など契約法の法源に関する研究、の五つです。これらの異なるレベルの研究を通じて一つの思考様式が存在することに気づきました。

なかでも私の着想を支えたのは、このうち③④のレベルでの二つの研究潮流でした。一つは、いわゆる類別コーズ論です。直接には、マルティ＝レイノー（Gabriel Marty et Pierre Raynaud）の教科書の叙述に大きな影響を受けましたが、いくつかの学位論文からも重要な示唆を得ました。もう一つは、法適用の構造論で、特にアンリ・モチュルスキー（Henri Motulsky）の明晰な論理に感銘を受けました。また、私が「ル・バル学派」と呼んだ一群の人々の学位論文からも多くを学びました。もちろん、私は日本の研究状況も意識していました。すでに山本敬三さんが「補充的契約解釈」（法学論叢一一九巻二号―一二〇巻三号（一九八六））という論文の中で「典型―個別」という思考方式に言及し、沖野眞已さんもこの点に注目していましたし、また、河上正二さんはファイナンスリース契約に即した形で、契約類型の意義に言及していたからです。

⚜契約類型の意義の再発見

以上をふまえて私が立てた課題は、当時の日本民法学が有していた「契約類型」に対する軽視の傾向を克服する、というものでした。

契約を規律するに際しては、どれかの契約類型に押し込むことは避け、それぞれの契約に即して対応する必要がある。このような考え方を代表するのは、来栖三郎教授であり、我妻栄・鈴木禄弥・星野英一の各教授もこれを支持していました。しかし、このような典型契約否定論は、各国の民法典が典型契約に関する規定を備えていることの意味を十分に説明できません。そもそも、個別に対応できるのはなぜかと言えば、標準的な対応が類型ごとに定められているからで、私たちは、類型を無視して考えることはできないし、実際にもそうはしていません。

もっとも、これは、すべての個別契約が典型契約にあてはまるということを意味するわけではありません。既存の契約類型にあてはまらない新しい契約は確かに存在します。しかし、民法典に規定のない契約であっても、私たちはその契約の法的性質を問い、要件効果を論ずることによって、類型的に処理しようとしています。たとえば、ファイナンスリース契約というのは、新しい契約類型（非典型契約類型）の一つであるとされていますし、クレジット契約も同様でしょう。

以上の主張は方法論的には、個別性重視（ボトムアップ型）の利益考量法学とは異なり、類型や概念重視（トップダウン型）の法学を再評価することにつながります。現在の私は、利益考量法学には独自の存在理由があると考えていますが、当時の私は、それとは異なる民法学の存在意義を強調したいと考えていました。

私の展開した典型契約論は、二つの方向へのふくらみを持っていました。一つは、類型やカテゴリーを使って問題を処理する法的思考のあり方を解明するという方向性です。その際のキーワードが「性質決定」でした。もう一つは、既存の制度を使いこなしながら、制度を更新していくという法生成のメカニズムを明らかにするという方向性です。「類別コーズ」がこちらのキーワードです。つまり、類型の使用には、構造と出来事、個人と共同体を連結する要の役割が割り当てられたというわけです。

⚜共時的な比較法

話をやや一般化すると、私の第二論文には、比較法研究にかかわる方法論的な主張もありました。それまでの日本民法学の比較法研究は、規定の沿革的研究にせよ、理論の学説史的研究にせよ、ある限定された対象につき歴史をふまえた比較をするというものでした。これに対して、私が新たに試みたのは、歴史を捨象し、その代わりに異なるレベルにわたる広い範囲での比較を行うという方法でした。

一九九〇年代の半ばには、具体的な現れ方は異なるものの、同様の指向性を持つ比較研究が出てきていたように思います。先ほど言及した山本敬三さんや道垣内さんの第二論文などは、その典型例だろうと思います。山本さんの第一論文（前出四〇頁の「補充的契約解釈」）は正統的な学説史の方法によって理念的なテーマに迫るものでしたが、「現代社会におけるリベラリズムと私的自治」（法学論叢一三三巻四号・五号〔一九九三〕）は従来は関心があまり寄せられていなかった憲法と民法の関係という大きな問題を提起したものです。また、道垣内さんの第一論文（『買主の倒産における動産売主の保護』〔有斐閣、一九九七〕）は、特定の問題にかかわる諸法理の相互関係を解明する機能的なものでしたが、『信託法理と私法体系』（有斐閣、一九九六）は信託法理の取り込みによって生ずる体系的な緊張関係を総体としてとらえようとするものでした。さらに森田宏樹さんの第二論文と言うべき著書（『契約責任の帰責構造』〔有斐閣、二〇〇二〕）にも同様の発想を見出すことができます。いずれも外国法の知見を手がかりにしつつ、価値・技術の両面において法システムの整合性を追究していこうとするものだったと言えます。学風はかなり異なりますが、共に時代の風にさらされていたということでしょうか。

⚜新しい民法教科書へ

別の言い方をすると、私たちは、法制度の歴史的淵源を明らかにして、そこに解釈論の原型を再発見するというのではなく、同時代の外国法を比較の対象とすることにより、自国法を検討するための大きな枠組みを引き出そうと試みたことになるでしょう。こうした研究方法の転換（あるいは重点移動）は、教科書の書き方にも影響を及ぼしたように思います。一九九〇年代後半に現れた内田貴さんの『民法』シリーズ（東京大学出版会）は画期的なものでしたが、そこでは歴史的な経緯や学説の対立は捨象されて（あるいは現在化されて）、現在の民法を提示することが重視されました。この現在化指向は、その後に書かれた山本敬三さんや私自身の教科書にも見出されます。道垣内さんの『ゼミナール民法入門』（日本経済新聞社、初版二〇〇二）についても、同じことがあてはまるでしょう。教科書については他にも述べるべきことがありますが、別便（1-1）に譲ることにして、これぐらいでやめておきます。

⚜メタ・ドグマティックとしての典型契約論

『典型契約と性質決定』は、典型契約という類型を用いることによって、契約内容を整序しようという指向性を持つものでした。では、類型を画する基準になるのは何かが問題になりますが、フランス法ではこの役割を担うのが類別コーズです。コーズに関しては、小粥さんの論文が現れ、竹中悟人さんの論文（後出六二頁）がこれに続きます。また、石川博康さんの「契約の本性」論や森田修さんの「契約の変更」論なども、同一の問題群を構成する研究だと言えるでしょう。この点に関しては、小粥さんの方からお話いただく方がよいでしょう。

もう一つ、ここで言及しておきたいのは、性質決定に対する関心についてです。それまでの「この契約は売買であると解釈すれば……」という用語法に代えて「この契約は売買であると性質決定すれば……」という用語法が目立つようになってきました。これは「契約の解釈」と「契約の性質決定」とが別の次元の作業であるという認識が広がったことを示しています。契約の解釈がその内容を確定する作業であるのに対して、性質決定は法律の規定をあてはめる（適用する）作業である、（この区別は見かけほどは明らかではないのですが）ともあれこの区別が意識されるようになったということです。

私は、学説が目指すべきことの一つは、その提案が当然のこととして受け止められて、思考の前提とされるに至ることなのではないかと思っています。その意味では、用語法（思考様式）が変わることには大きな意味があります。この点で『典型契約と性質決定』は一定の成果を挙げたように思います。同様のことは、先ほど言及した山本敬三さんや道垣内さんの研究についても言えると思います。

✤さらなる研究課題

『典型契約と性質決定』には、要件事実論に関心を持つ実務家たち、特に司法研修所の教官の方々からも関心が寄せられました。売買契約が成立すれば、売買に関する任意規定が適用される、では、売買契約の成立のためにはどのような事実を認定すればよいか。この点を明らかにしようとするのが要件事実論ですが、それは性質決定のプロセスを定型化・標準化しようとしたものであると言えるでしょう。

法科大学院発足後は、要件事実教育は民事実務教育の中心であるかのような扱いを受けるようになりましたが、当時は必ずしもそうではありませんでした。実務家の中には、自分たちのやっていることに関心が注がれ、かつ、それに対して肯定的な評価がなされたということで、私の議論に親近感を持った方々もいらしたようです。確かに私自身も、性質決定を法適用のプロセスの一つとして位置づけており、法適用過程を考えるには要件事実論の思考様式を検討対象にすることが必要だと感じていました。もっとも、実務家の方々に対しては、典型的な要件事実論とともに、非典型的な要件事実論を展開していただきたいという要望も持っています。

別の言い方をすると、私が関心を持っているのは、法適用という作業の創造的な側面についてです。ここで「創造性」というのは、新しい法規範を生み出すことに限られません。現に私たちが有する法規範を適用することによって、私たちは個々の事件を解決していくわけですが、そこでなされているのは単なる「あてはめ」などという作業ではなかろう。また、私たちが法適用の結果として手にするのは多少ともそれ以前とは異なる「世界のあり方」なのではないか。そんなことを感じていますが、まだ十分に言語化できる段階には至っていません。

⚜なぜコーズ論なのか

先ほども触れたように、小粥さんの第一論文はコーズに関するものでした。一九九〇年代の日本において、なぜコーズを検討対象に選ばれたのか。返信では、この点をお話しいただければ幸いです。私が語るのとは違う物語が語られることになるのかもしれませんが、異なる二つの物語が共鳴しあうことによって、「基礎研究」というものがどのように捉えられていたかという物語が立体的に立ち上がることを期待しています。

大村敦志

＊1　星野＝平井論争　法解釈・法学研究に関する論争。星野らの利益考量法学を含む戦後法学を「社会学主義・学者中心主義」であるとして平井が批判し、「議論」の法律学を対置した。関連文献については、ジュリスト編集部編『法解釈論と法学教育――平井宜雄「法律学基礎論覚書」をめぐって』ジュリスト九四〇号―九四三号合本版（有斐閣、一九九〇）を参照。

＊2　山口俊夫（一九二八―二〇〇八）　フランス法学者。著書に『フランス債権法』（一九八六）、編著に『フランス法辞典』（二〇〇二）（いずれも東京大学出版会）などがある。

＊3　レジオン　給付の不均衡が一定程度以上になった場合に取消しを認める法理。

＊4　局地的市場圏　農村部で小さな市場圏がまず成立し、それが一国に及んだという考え方。大塚『近代欧州経済史入門』（講談社学術文庫、一九九六）を参照。

＊5　マークアップ原理　原価に利潤を上乗せして価格は決められるという考え方。森嶋『無資源国の経済学』（岩波全書セレクション、二〇〇八）を参照。

＊6　フランソワ・ジェニー（François Gény, 1861-1959）　科学学派を代表する民法学者。法学は「所与」を解明する「科学」と「所造」を構築する「技術」からなるとした。

＊7　レイモン・サレイユ（Raymond Saleilles, 1855-1912）　ジェニーとともに科学学派の双璧をなす。ジェニーの「科学的自由探究」に対して「進化的（歴史的）解釈」を提唱。

第4信　第一論文と基礎研究

大村敦志 さま

今回の予定

　基礎研究と方法論研究との関係は、はっきりしない部分がありますが、『公序良俗と契約正義』(大村①)、『典型契約と性質決定』(大村②)という二つの大きなご研究を、ひとまず、「基礎」というくくりに入れて、返信をすることにいたします。私には、大村さんの「基礎」でとりあげられた二冊の本に見合うようなものはありませんので、「フランス契約法におけるコーズの理論」(小粥②)という論文をとりあげることにします。「方法」のことは、おおむね、次の便に書きたいと思います。とはいっても、なかなか両方をきれいに分けることはできそうにありませんが。

　さて、今回は、前半では、第一論文というのでしょうか、就職論文というのでしょうか、若い研究者が行う基礎研究について、私からも、少し一般論のようなことを書いてみたいと思います。

　後半では、自分の「コーズの理論」もとりあげますが、あまり振り返りたくないので、簡単にお話しします。

就職論文

さて、大村さんは、第一論文という呼び方をしておられました。研究者の卵は、大学院に進学したり、助手・助教という形で大学に所属するなどして、研究するための時間を持つことになります。卵が、博士課程なり助手・助教の任期を終えるときに提出する、ある程度まとまった分量の論文が、第一論文とか就職論文と呼ばれるという理解で、書き進めます。

大村さんもお書きになったとおり、卵が、最初から、ある程度まとまった大きな論文を発表するという習慣は、この三〇年くらいの間に一般化したものかもしれません。ある卵によって数年の間に公表された論文の一つ一つが小さくても、まとめてみると、博士論文を少しずつ分割して発表されたもので、実質的には一本の論文だったりします。大村さんたちがお書きになった『民法研究ハンドブック』(前出二一頁)は、この第一論文ないし就職論文を書くための手引きですね。

第一論文の典型は、あるテーマについて、日本民法の制度・条文・判例・学説を丁寧に調査して問題状況を明らかにすること、何らかの形で外国法研究を含むこと、加えて歴史的な検討も加わることが多いだろうと思います。外国法の研究は、テーマにかかわる制度・条文と沿革的なつながりがある国をとりあげたり、主要国を機能的な比較の対象としてとりあげるということだったり(フランス、ドイツ、英米など)。歴史は、それを歴史というべきかどうかはともかく、日本の制度・条文の沿革を遡り、それが外国起源のものだとするとさらにその外国の制度・条文の変遷をたどり、といった具合です。その上で、最後のまとめに入ることになります。

大村さんのお手紙にもありましたが、研究者の卵が、日本法の問題状況を明らかにした後、外国法や歴史を、外国語文献と格闘しつつ論文の形にまとめあげたとしても、それらを、最後の段階で、論文の結論に、どのように持ってくればよいのか、というのは、就職論文を書く人の多くが悩む問題だろうと思います。就職論文には、途中まで公表されたけれども完成には至っていない、あと一回二回で終わりそうにみえるが、というものが散見され、それなりの数になると思いますが、その原因の多くは、最後のところにどうやってもっていくかというカベを破れないことにあると想像しています。

『公序良俗と契約正義』

大村さんの『公序良俗と契約正義』は、論文の真ん中を構成する、外国法ないし歴史の部分と、論文の主張とが、きれいにつながっています。さいごのカベを意識させません。巧いです。どうして私が巧いと思ったのか、説明したほうがいいでしょうね。

第一論文で、大きな歴史の流れを描き出すという作戦は、特別珍しいわけではなく、著名な大論文にもそうしたものがあります。第一論文ではありませんが、好美清光「Jus ad rem とその発展的消滅」（一橋大学研究年報法学研究三号（一九六一））は代表例の一つではないでしょうか。しかし、第一論文としては、その作戦は、標準的なものでもないと思います。大きなストーリーでまとめる作戦は、論文を完成品にできないリスクも大きくなるからです。つまり、自分で、『公序良俗と契約正義』のような論文を書こう、という観点から考えますと、自分の想定したストーリーにマッチするデータがうまい具合に出てくるかどうか、白地で想像しても、何もわかるはずがありません。かなり肯定的な見通しを持っていなければデータ収集の作業を進められないはずです。ところが、肯定的な見通しを得るためには、それなりに時間をかけての予備調査が必要になると思うのですね。第一論文は、論文の規模に比して手持ち時間は少ないにもかかわらず、書かないわけにはいかないので、予備調査で思うようなデータが集まらなかったら、思い切って方向転換をするか、予備調査で集めた手持ちデータにいくらかのデータを補充して、当初のストーリーとは違う筋立てで論文をまとめなければならないという事態が生じる可能性があります。手堅く仕事をすることを第一に考えるのであれば、当初想定したストーリーで論文を書けなくても、予備調査のデータを生かして何らかの論文にまとめられるようなテーマ設定とデータ収集をしたいところです。

『公序良俗と契約正義』の場合、もし、契約成立時の給付の均衡法理の歴史的変遷について、思い通りのデータが収集できなかったとしたら、通時的観点は抜きにして、日本と、フランス、ドイツにおける給付の均衡法理の共時的比較にとどめる、という予備的な論文構成が想定できます。もちろん、共時的比較だけでは『公序良俗と契約正義』ほどのインパクトをもたらすことはできないでしょうけれども、第一論文としての十分な形は作れます。そういうわけで、仕事の計画の立て方というか、進め方というか、それが巧妙だ、と思っていたのです。実際のところは、大村さんは、通時的観点からのデータ収集もうまくいくと予想しておられたから、この論文を構想して、データ収集作業をしたのではないかとも想像していますが。

『公序良俗と契約正義』には、視野狭窄に陥っている実務ないし民法学への批判というのでしょうか、チャレンジをみてとるべきだと考えます。細かなところを気にしながら少しずつ読むのもよいですが、流れを摑むようなつもりでざーっと読むのが良いのではないでしょうか。

未完成論文の価値

就職論文が途中まで公表されたけれども未完成のままであることが珍しくないということを書きました。しかし、兎にも角にも一定の時間内に何かを書いた研究者の卵の多くは、無事に大学教員のポストを獲得するのが、むしろ普通ではないかと思います。未完成の論文しか公表していなくても就職できる、というのは、外から民法学界を観察している方々には、不思議に感じられるかもしれません。しかし、大村さんの周囲でどうなのかわかりませんが、私が在籍していた大学では、早稲田でも、東北でも、卵が、論文を書かない、公表しないということが珍しくありませんでした。書かなかった卵と比べれば、途中までひとまとまりのものを公表した卵は、形だけをとっても、それなりに仕事をしたと評価することはできるわけです。さらに、それが就職論文になる、というのは、途中までの論文にも、それなりの価値があるからだと考えております。

単純に、少なからざる人が知りたいと思っている外国の制度を紹介する部分を含む論文は、面白いかどうかはともかく、存在理由はあるはずです。似たようなことはいくらでもあります。起草過程がはっきりしない条文について、経緯を明らかにしたものとか、新しい問題について、諸外国の解決方法を調べたとか。そういうファクトのレベルのことは、問題設定や結論とはある程度関係なしに、情報提供によって学界に貢献できる仕事だと思います。

こういうことを申しますと、外国法の調査ということであれば、日本の大手法律事務所に依頼すれば、彼らは、世界中のネットワークを活用して、数日内に結果を出してくるのだから、研究者固有の仕事としての価値は乏しい、という意見が出てくるかもしれません。たしかにそういう面はあるでしょう。

基礎研究１

ファクトといいますか、情報収集ということですと、たしかに、弁護士・裁判官たちも、似たようなことをしているわけです。しかし、収集整理に手間がかかるファクトの積み上げは、法律家共同体ないし学界にとって、共有財産になりうるので、それは、ある種の基礎研究といってよいのではないでしょうか。基礎研究というのは、周囲にとって基礎的な公共財になるだけでなく、法令・判例・学説を調査・整理する能力を示すというのでしょうか、将来、民法学の研究を遂行する基本的能力を培い、また、第三者――研究者の卵を採用する大学――に証明する研究でもあると思います。だからこそ、就職論文を最後まで公表できなかったとしても、相応の意義が認められるのでしょう。つまり、第一論文における基礎研究ということの意味は、学界にとっての共有財産という意味での基礎研究というだけでなく、研究者個人の能力証明としての基礎研究という意味もあるのではないかということです。

そして、ここから先は、一層、異論がありえるところだと思いますが、独自の視角からの分析とか、とりわけ研究の方法論として、なんというのでしょう、狭いというか、特定の流派の研究者以外に共有しにくい方法論で就職論文を書きますと、情報提供の部分に余計な色がついてしまって、共有財産になりにくいような気がします。裁判官や弁護士に通じる言葉で書いてあれば、共有財産になりやすいでしょう。瀬川信久教授、内田貴教授のもの（瀬川「不動産附合法の一考察」法学協会雑誌九四巻六号―九五巻四号〔一九七七―七八〕、内田「抵当権と利用権の関係に関する基礎的考察」法学協会雑誌九七巻六号―九八巻七号〔一九八〇―八一〕）など、法協型ともいわれた就職論文は、それぞれ独自の方法論に基づくものではありますが、それぞれの方法論を共有しない研究者にとっても、十二分に利用可能なデータを提供していると思うのですね。仮にこれらの論文が完結せず、途中までで終わってしまっていても、あるいはそれぞれの結論なり方法論に賛成できなかったとしても、ファクトの部分だけで、価値が十二分に認められると思います。

もちろん、研究者としては、就職論文から、的確な問題設定をして、説得力ある結論を導き出し、デビューと同時に学界にインパクトを与えたいもので、それができればいうことはありませんが、実際の就職論文は、ここまでお話ししてきた意味での基礎研究としての性質を持っていれば十分ではないか、というのが、現時点での私の感覚です。就職論文で学界に影響を与えるというのは、結構、難しいことのように思います。『公序良俗と契約正義』は、その意味でも、例外的な存在でしょう。

基礎研究2

とはいえ、基礎研究が、学界の共有財産となり、執筆者の研究能力をある程度証明する研究だけだとすると、狭い感じがします。これを仮に基礎研究1としますと、これとは別の、基礎研究2というものも想定すべきではないかと考えております。基礎研究1には、就職という縛りがありますが、基礎研究2には、それがなく、むしろ基礎研究2こそ、民法学者が取り組むべきことであるようにも思います。私が少し偏っているかもしれませんが、基礎研究2は、法とは何かとか、法的なものの考え方とはどのようなものか、というような課題について、民法ないし周辺の具体的問題を通じて切り込むような研究を想定しています。実は、私も、最初に書いたコーズの論文（小粥②）では、特定の外国法の制度ないし理論を素材にしつつ、そういった基礎的問題の一端に取り組みたいと考え、その論文の冒頭では、そのような志向を表明しておりました。テーマが大きすぎたこともあり、良い結果が得られたわけではありませんが、しかし、裁判官でも弁護士でもない自分ができることは何かを考えた末の方針表明ではあったつもりでした。しかし、研究者の卵が、そういうふわふわしたことばかりを就職論文でとりあげると、学界の共有財産にならない独りよがりの作文になりがちで、私の就職論文も、多かれ少なかれそうした欠陥を免れていないものです。

これに対して大村さんの『典型契約と性質決定』は、お手紙の中で開陳してくださった研究手法も非常に面白いのですが、私にとっては、それと同等あるいはそれ以上に、法律家の「ものの考え方」そのものを言語化しようという、非常にチャレンジングなもので、結論として、一定の法的思考のイメージを提示することに成功した、あるいは、契約自由という切り口から人間の自由についてのイメージをある種の法学的見地から提示することに成功した、珍しいタイプの研究だと思っております。これが、まさに、私のいう基礎研究「2」なのです。民法にとどまらない法学の基礎、研究者ならではの作品です。解釈論・立法論などに直接関係することではないけれども、法律家たちの思考の底にじわじわと影響を与えるような類いの深度にある研究ということもできます。

外国法

すでに繰り返しふれていますが、就職論文は、たいがい外国法の研究を含みます。その理由はいろいろですが、一つの重要な理由に、民法が西欧伝来のものなので、フランスやドイツの民法の研究に向かわざるをえない、ということがあろうと思います。そして、私自身は、外国法に向き合うに際して、この点を重視してきました。

私は、日本法をある程度学んだ後に接触したフランス法に対する違和感に、ずっと、取り憑かれています。進歩がないのですが。そして、フランス法を少し勉強してから日本法をみると、また、別の違和感を覚えるのです。もちろん、日本法の頭でフランス法をみますと、だいたい日本と同じだな、という感じのところもありますが、やはり、違和感を拭えないところがあります。その度に、自分は、わかっていないんだろうなあと、感じるのです。この違和感は何だろう、なぜそう感じるのか。理解したいのです。

そういうわけで、私の外国法への関心は、一次的には西欧法に向いていきます。多くの就職論文の執筆者たちも、多かれ少なかれ、そうしたことを考えているのではないかと想像しています。もっとも、私自身は、アジアの国々の法に関心がないということもなくて、とりわけ、西欧法との接触・葛藤・受容といった問題は、アジアの国々と日本とで、ある程度共有できるところがありますし、また、アジアの国々の法と日本法との意外な結びつきを知る機会となる点でも、アジアの国々からの留学生の学位論文審査などの機会に接するアジアの法・法学も、それなりに楽しんでいるつもりです。

コーズ論文

そろそろ、私の「フランス契約法におけるコーズの理論」について、少しだけでもお話しをしなければならない頃合いですね。

フランス民法典は、明文で、適法なコーズが存在することを契約の有効要件としています。日本の民法にそんな要件はありません。日本の民法に慣れてしまうと、コーズというのは、いったい何だろう、ということになります。契約という、非常に基本的な概念に関して、一方ではコーズなし（日本）、他方ではコーズあり（フランス）。不思議なことです。もちろん、ある程度の説明は、日本語文献でも行われていましたが、疑問が氷解することはありませんでした。フランスの教科書を三つ四つ眺めたくらいでも、まったくわかりません。その不思議なコーズについて、調べてみた、というわけでした。

この論文に、自身の就職のため、という以外に何の意味があるか、自分ではわかりません。論文の題名が、「フランス契約法における」という時点で、民法業界の内部しか見ていない、といわれても仕方ありません。日本語で発表する論文なのですから、日本の少なくとも学界に対して、あるいはできれば、日本の社会に対して、問題を設定してそれを解決してみせる、というようにしたかったところですが、そうなっていないわけです。理想としては、日本社会において解決すべき問題に対して、就職論文に入れ込むべき要素――たとえば、日本民法上の制度の沿革研究、当該制度の比較法研究——を盛り込んで、解決案の提示に至るのがよかったのでしょう。

コースは、私が論文の準備をしていた当時、日本の民法学界でも、ちらほら話題に出てきていました。テーマの選択に際しては、それが重要な問題らしいけれども、中身がわからない、ある程度のボリュームのある研究がない。それなら、そこを埋めたい、というような動機が大きかったような気がします。業界で認められたい、居場所を得たい、という動機です。もちろん、業界の中で自分の存在を認知してもらうことは、最初は必要なことかもしれません。しかし、当時の私は、自分自身の疑問や欲求に忠実ではありませんでした。というより、自分のやりたいことをするための方法がわからなかったのですね。とはいえ、今考えますと、最初からやりたいことをやる、という形でなくてよかったと思う面も、かなりあるのです。やはり、少し我慢して勉強したほうがよい、ということになるでしょうか。程度の大小はあっても、ある程度、型に沿って勉強するというのでしょうか。なんにせよ、いろいろな意味で余裕がない論文です。

テーマ選び

テーマということに関連してもう少し補足させてください。コースは契約法にかかわる問題ですが、不法行為法とか、担保法とか、親子法とか、分野を何にするかも、就職論文において重要な課題です。私の場合、なんとなく、契約法にしました。それは、当時の学界の流行とも関係があります。日本私法学会の一九九一年のシンポジウムが、星野英一先生をリーダーとして、「現代契約法論」というテーマで行われました。非常に密度の濃い研究が集まっていました。今から振り返りますと、当時の契約法学には、熱気があったようです。私自身は、当時、司法修習生で、民法学界の動向には気がまわっておらず、学会にも行っておりません。後からこのシンポジウムの雑誌記事（私法五四号（一九九二））を読み、関心を惹かれたということです。

とはいえ、契約法の中でも、何が研究テーマになるかはよくわからなかったのです。当時は、学界で何が議論されているのか、問題状況すら理解できませんでした。そこで、修習生を終えて早稲田の助手にしていただき、落ち着いてからは、闇雲に日本の法学論文を読んでおりました。論文を読むのに慣れていませんから、時間がかかりました。その結果というわけでもないのですが、なんとなく、当時の契約法学に、一つトレンドのようなものがあるのだろうと感じまして、「最近の契約法学における一つの傾向について」（早稲田法学七一巻一号（一九九五））というわずか数頁のノートをまとめました。中身は、一九九〇年代初頭の日本の契約法学において、契約というか当事者間の取り決めを重視する学説が有力だ、ということです。当たり前のことで、同業者に読んでいただくべきものではないのですが、私自身にとっては、「コーズの理論」を書くときに、こういう整理をしておかなければもっとひどいことになっていたはずだと確信していることもあり、必要なノートだったと思っています。

就職論文のテーマを考えているころにお話しをうかがう機会があった民法学界の先生方には、論文のテーマなんていくらでもある、と、おっしゃる方が多かったような気がします。司法研修所の刑事弁護教官でいらした石井吉一先生のすすめで、立教大学の栗田哲男先生にお会いしたことがあったのですが、栗田先生が、研究テーマなど何でもよい、と、おっしゃっていたのが印象に残っています。

現時点で考えてみれば、たしかに、いろいろ、社会の側で解決を求めている課題、しかも、法学研究者の力を養うに適したものかもしれない、と、思うようなテーマが少なからずあることは感じます。しかし、そのころの私には、さっぱり見当がつきませんでした。そういうわけで、できるだけ基本的で、後の研究のヒントも得られるようなテーマにしよう、というくらいのつもりで、とりあえずコーズの勉強をしようと決めました。

コーズとは？

私が「コーズの理論」で書いたことの一つは、コーズを通じて、契約法が変貌する、その、繰り返しとしての、契約法の変遷というようなことです。契約法システムの中に、ローマ法の問答契約のような、一方的な債務負担約束のような部品しかなかったところに、コーズを媒介させることで、双務契約という製品を組み立てることができる。売買契約を例にすれば、売主は、物を引き渡す債務負担約束をする、買主は、金銭を支払う債務負担約束をする。二つの約束は、単に二つ並べるだけではそれぞれバラバラですが、コーズがそれらを連結することによって、一方が消滅したら他方も消滅する、というような相互の関連づけがされ、今日の双務契約の実質を帯びる、というわけです。

フランス民法典の条文の表現には、ローマ法の部品を使って双務契約という製品を組み立てたという名残りがあり、その影響は、日本の民法の条文の書き方にも及んでいます。売買の冒頭規定である日本民法五五五条をみますと、「売買は、当事者の一方がある財産権を相手方に移転することを約し、相手方がこれに対してその代金を支払うことを約することによって、その効力を生ずる。」という書きぶりになっています。民法の授業を聞いていると、当事者の合意から二本の債務が発生する、という思考回路が形成されるように思われまして、ドイツ民法典の条文はそういう書き方ですし、それはそれでよいのです。しかし、日本の売買の条文は、各当事者がそれぞれ債務負担約束をして債務が二本発生したものを組み合わせる発想になっており、フランス式です。日本民法典も、フランス民法典が「古い革袋に新しい酒」を入れた痕跡をとどめているのだろうと想像されます。このあたりの事情を、一九世紀後半から二〇世紀前半にかけてのフランスのコーズをめぐる論争からたぐり寄せたのが私の就職論文でした。日本の文献では、川村泰啓先生の不思議な論文（川村「追奪担保体系・権利供与体系と日本民法典」ジュリスト六二一号―六三六号（一九七六―七七））が示唆的でした。さらに私の論文では、当事者が三名以上になる契約についても、関係者間の複数の債務についてコーズを想定することで相互の関連性を確保して、妥当な解決が導かれる方向に、全体としては向かっているのではないか、というようなことも書いております。法変動論のようなものかもしれません。抗弁の接続などの問題につながります。

コーズ自体については、二〇世紀の中盤以降、ボワイエ、オゼといった教授による非常に重要とされる学位論文[*1]が出ており、それは教科書・体系書にもとりあげられることがあったので、彼らの学位論文を読んでみたのですが、難しくてわかりませんでした。私の論文には、ボワイエなどを紹介した部分がありますが、字面を書き写しただけです。ところが、大村さんの『典型契約と性質決定』、そして、竹中悟人さんの「契約の成立とコーズ」（法学協会雑誌一二六巻一二号―一二七巻七号〔二〇〇九―一〇〕）は、ボワイエ、オゼらのコーズカテゴリィク論が見事に消化され、まとめられているように映り、私にとっては眩しい存在です。

コーズについては、勉強してみても、なかなかシンプルに説明することは難しいままだったように思います。コーズが、さまざまな役割を果たしているようにみえたのです。私は、ボワイエ、オゼらのコーズカテゴリィク論が理解できなかったので、論文は、主観的には、中途半端なところで終わってしまっています。しかし、就職論文をまとめるためには、見聞の範囲内でのコーズ最大公約数のようなものを取り出しておかなければなるまい、と思って書いたことが、コーズというのは、厳格法に対する衡平法的な修正装置で、債務負担の実質的理由が欠ける場合に発動される、というようなことです。機能的なとらえ方ですし、やや唐突な感じを与えるだろうと思いますが、日本の法律家にコーズというものを説明すること、法律家の共通言語として裁判の場での言論を暗黙裏に想定して、裁判官や弁護士だったら、コーズをこう使うということを考慮して、まとめてみた、というわけでした。不細工な論文にもかかわらず、大村さんには『フランス民法』（大村⑧）の中でとりあげていただき、感謝しております。厳しいご指摘も含まれていたと思いますが、大村さんのお見立てに、とくに異論はありません。

コーズ論・その後

私の論文は、わからないままの部分をたくさん残したまま、無理矢理公表した感じになってしまったこともあり、すぐに、コーズについての勉強を継続する、という気持ちにはなれませんでした。

しかし、論文を公表してから一、二年くらい経ったころに、フランス破毀院が、契約の本質的債務論に関する重要な判決を出しました（クロノポスト判決 L'arrêt Chronopost. Cass. com. 22 oct. 1996）。本質的債務論というのは、契約の本質的部分とそうでない付随的部分を区別して、契約当事者は、本質的部分のために契約を締結しているのだから、それと矛盾する付随的条項の効力は否定されるのではないか、というような議論です。そして、それ以前から、この法理をコーズで説明する学説があったのです。この判決をきっかけとして、私は、また、少しだけコーズの勉強をしまして、今度は、本質的債務論とコーズを結びつけたデレベック[*2]の学位論文、民法・法哲学の大家であるテレ[*3]の学位論文、出たばかりだったロシュフェルト[*4]の学位論文、そして大村さんの『典型契約と性質決定』に助けられ、それまでわからなかったコーズカテゴリィクとか、フランス契約法の構造など、なんとか、それなりに理解できそうだという気がしてきていました。

ところで、若い研究者は、就職論文を公表して就職すると、次は、第二論文を書くということになりますが、同時に、日本私法学会で個別報告をするという宿題も、慣行上存在すると思います。個別報告は、就職した若い研究者がする、学界への挨拶のようなものでしょうか。内容は、就職論文の内容を切り取るなりまとめるなりして、口頭でプレゼンテーションするものが多いような気がしますが、私の場合は、コーズ論だけではどうにもならないので、本質的債務論をテーマに報告をしました。その報告原稿（「フランス法における契約の本質的債務について」私法六三号〔二〇〇一〕）をまとめたときに、就職論文ではわからないままだったコーズカテゴリィクだとか、契約法の構造について、あるいはコーズそのものについてもあらためて、わかったような気がしまして、文章に表現することもできたように思えたので、ややほっとしたことを覚えております。同時に、時間の流れを遡って、コーズの論文を本質的債務論とつなげる形で、就職論文を一から書き直したいと思ったことも思い出します。

学会報告直後は、コーズや本質的債務論の理解ついて、自分では、それなりに納得していました。しかし、その後も、森田修さんの「契約のエコノミー」論の研究（「Pimont の『契約のエコノミー』論」法学協会雑誌一二七巻一号・九号〔二〇一〇〕、「フランスにおける『契約のエコノミー』論の展開」法学協会雑誌一二七巻一〇号〔二〇一〇〕）、そして、石川博康さんの研究（『「契約の本性」の法理論』〔有斐閣、二〇一〇〕）などが出て、関連する議論がつづいています。とくに石川さんは、私の契約法の構造理解を取り上げ、批判しておられます。問題は、私の構造理解が、石川さんからすれば、主観的すぎるというか、合意内容に依存しすぎだということのようです。私の研究が石川さんの論文の不可欠の出演者というわけではありませんが、それでも、とりあげ、批判していただくと、議論の深化に少しは貢献できたかもしれないという気持ちになり、子どもじみているかもしれませんが、嬉しく思います。

フランスでも、民法改正によってコーズが条文から消えそうな感じです。しかし、研究対象としてのコーズは、いわば契約法の構造の理解を深めるための場所なので、条文からコーズが消えたとしても、コーズという場所で重ねられてきた議論は、つづいていくだろうと思っています。

基礎研究、第一論文ないし就職論文に関する手紙が思いの外、長くなってしまいました。そろそろ、次のテーマに移った方がよさそうです。基礎研究を実践しつつ、同時に、大村さんが、どのような意図で、あるいはどのようなきっかけで、研究の世界を広げ、深めてこられたのか、そんなお話しを伺うことができるのではないかと楽しみにしております。

小粥太郎

＊1　ボワイエ（Louis Boyer, 1922-92）は、元トゥールーズ大学教授。学位論文は、「和解の概念：確認的行為におけるコーズの観念の研究への寄与」（La notion de transaction : contribution à l'étude des concepts de cause et d'acte déclaratif, Sirey, 1947.）。オゼ（Jean Hauser）は、ボルドー第Ⅳ大学教授。学位論文は「法律行為における客観主義と主観主義」（Objectivisme et subjectivisme dans l'acte juridique., LGDG, 1971.）。

＊2　デレベック（Philippe Delebecque）　パリ第Ⅰ大学教授。学位論文は、「契約における債務軽減条項」（Les clauses allégeant les obligations dans les contrats Philippe Delebecque, 1981.）。

＊3　テレ（François Terré, 1930-）　パリ第Ⅱ大学名誉教授。学位論文は、「性質決定に対する個人意思の影響」（L'influence de la volonté individuelle sur les qualifications, LGDJ, 1957.）。

＊4　ロシュフェルト（Judith Rochfeld）　パリ第Ⅰ大学教授。学位論文は、コーズと契約の型（Cause et type de contrat, LGDJ, 1999.）。

第5信　民法の哲学と法学教育の諸相

小粥太郎さま

⚜学説史の構造と意味

コーズはフランス契約法の要をなす概念ですが、日本法には存在しないため、なかなかその存在意義が理解できません。また、存在意義はわかったとしても、日本の解釈論に直結するような議論を導くには、相当の工夫が必要です。そんなこともあって、日本でもコーズ研究はなされていたものの、概括的な紹介にとどまっていました。「フランス契約法におけるコーズの理論」（小粥②）を初めて読んだ時には、とうとうコーズに関する本格研究が現れたことに感銘を受けました。同時に、著者はこの先どこに向かうのかという点にも関心を抱きました。

改めてこの論文を振り返ってみて、小粥さんが描こうとした学説史は三つのレベルに別れていた、という印象を抱きます。一つ目は、いわばオーソドックスな学説史、学説の内的な発展史としての学説史です。コーザリストたちに対して、アンチ・コーザリストはどのような主張をしたのか、その批判を乗り越えるためにネオ・コーザリストは何をしたのか。内的な発展史と言っても、それぞれの時代の学説が背負っている知的なバック・グラウンドをも踏まえた上での学説史でないと、学説の展開のメカニズムを摑みだすことはできません。小粥さんはまずこのレベルでの学説史を展開されました。

しかし、それだけではありません。二つ目に、個々の学説の対立を超えて、そもそもフランス契約法学が長年にわたってコーズをめぐり激しい議論を交わしてきたのはなぜか。この点を明らかにすることが重要です。この点はフランス法を当然の前提としているフランスの法学者には自覚化しにくい点だと思います。こうした点にこそ外国人による研究のメリットがあります。というよりも、この点を理解しないと、コーズ論とは何かがわかったことにはなりません。

⚜学説と判例

これら二つのレベルに加えて、どうやら第三のレベルが存在するらしい、と感じ始めたのは最近のことです。小粥さんのコーズ論は、学説史を辿った後で機能論に転じます。これまで私には、このことの意味は必ずしもよくわかりませんでした。しかし最近では、小粥さんは、学説が構造レベルで展開してきた議論に対して、個々の判例が目前の出来事に対応するためにコーズを利用しているという事実を対置しているのではないか、と思うようになりました。

そこには、学説と判例の乖離、あるいは（博士論文に代表されるような）基礎研究と（判例研究に見られるような）応用的研究の間にあるギャップに目を向けようという気持ちがあったのではないかと思うのです。どうも小粥さんの頭の中では、二系列の法的論理が想定されているようで、その関係をどう考えるべきかが問われている。コーズ論においては、二つの思考様式が緊張関係にある。だからこそコーズ論を通じて、両者の関係を解き明かすことを試みようとされたのではないか。

残念ながら、この点については、問いは投げかけられたものの、必ずしも十分な答えが導かれていません。私が見るところ、方法論に対する小粥さんの関心は、この問題を軸に展開されることになる。このような理解が適切か否かについては、後でお話しいただくとして、では私自身の方法論に対する関心はいかなるものであったのか。この点を先にお話しすることにしましょう。

⚜「法源と解釈」から「法典と教育」へ

私は、最初の長期在外研究期間（一九八七—八九年）をフランスのパリ第Ⅱ大学で過ごしました。余談ですが、日本だけでなく韓国や中国にも留学の習慣はありますが、法学の分野に見られる大きな違いは、日本では大学にポストを得た若手研究者が留学するのに対して、韓国や中国では、学生が学位を取得するために留学するということです。留学した先の法を深く学ぶには韓国・中国式の方がよいのかもしれません。しかし、日本式のよい点は、自国の法・法学を鏡に留学した先の法・法学を見ることができることです。自国も相手国も相対化して見ることができると言ってもよいでしょう。

ですから、第一論文を完成させて外国に出かけると、自他の法・法学の異同に対して自ずから関心が向かうことになります。言い方を変えれば、方法論的な問題意識を持ちやすいともいえます。私自身もその例にもれません。フランスの立法・判例・学説がそれぞれどのような特色を持っているのか、フランスで行われている「法の解釈」とはどのようなものなのか。こうした観点からいくつかの論文を書きました（『法源・解釈・民法学』〔有斐閣、一九九五〕にまとめられています）。もっとも、民法や民法学だけを勉強しているだけでは、なかなか法・法学を外から見る視点には立てません。私の場合には、ピエール・ブルデュー（Pierre Bourdieu）の知識社会学的なアプローチのほか、当時盛んだった法認識論や法学部史研究から大きな刺激を受けました（留学中にはコレージュ・ド・フランスでのブルデューの講義に出席しましたが、彼の名を最初に教えて下さったのは、社会学の宮島喬先生でした[*1]）。

その後、私の関心は「法源と解釈」から「法典と教育」に向かうようになります。具体的には「民法と民法典を考える」「現代日本の法学教育」という二つの論文が大きな転機となりました（ほかの論文も含めて『法典・教育・民法学』〔大村③〕にまとめられています）。もっとも、「法源と解釈」と「法典と教育」とは断絶しているわけではなく、フランス法を鏡に日本法を見るならば、諸々の法源の中では民法典という法律中の法律に、いくつかの次元の解釈論の中では教育に繋がるタイプの議論に、着目するのがよいのではないかと感じたということです。

⚜民法の統一性と多元性

私の最初のフランス滞在中に出版された書物の一つに、ピエール・ノラ（Pierre Nora）の編集による *Les lieux*[*2] がありました。これはフランスの共通の記憶を創りだす装置を選び出して、それを検討する論文を集めた論集でしたが、私はその中にジャン・カルボニエ（Jean Carbonnier）の「民法典」[*3] という論文があるのに気づきました。民法典は、一九世紀フランス市民社会の構成原理であったという有名な命題を含むものです。一九九〇年代の半ばに、広中俊雄先生から『民法研究』という雑誌を創刊するので、創刊号に論文を書かないか、できれば民法典の体系にかかわるようなものが欲しい、というご依頼を受けたときに、私がまず念頭に置いたのはカルボニエの前記論文でした。私は、カルボニエに触発されて、民法典に対する見方を経済中心のものから政治中心のものに転換したいと考えました。「民法と民法典を考える」（民法研究一号（一九九六））という表題は、フランソワ・フュレ（François Furet）の『フランス革命を考える』を踏まえたものですが、「正統派」に異議を唱えるという気持ちの表れでした。

この論文は、一方では、「市民的公共性」の象徴として民法典をとらえ直すということを目的としていましたが、他方で、「ル・コードからレ・コードへ」と題した最後の章で、現代においては民法典は一つではありえなくなっているという指摘もしました。この点は、当時私が考えており、すぐ後に『消費者法』（有斐閣、一九九八）にまとめることになった消費者法の体系化という問題ともかかわっていますが、脇道にそれるのでこの話は省略いたします。

⚜「生活民法」から「人（人格）の法」へ

民法典は一般には、私人と私人との関係を規律する私法の一般法であり、ここでの「私人」は様々な属性を捨象された抽象的な「人」であると理解されています。見方を変えると、民法典はすべての私法関係に等しく適用されるというわけです。

しかし実際には、個人の生活関係に適用される場合と企業の取引に適用される場合とで、民法典の中の関連領域もその適用方法も同じではありません。たとえば、家族法や相続法は企業取引には直接には関係しません。また、情報提供義務の認定や過失の判断は、当事者の属性によって大きく異なってきます。もちろん、どのような領域にも等しく適用される規範も存在しますが、そうした共通の核を持ちつつも、民法は「生活民法」と「取引民法」に分かれるのではないか。私は、恩師であるジェラール・コルニュ（Gérard Cornu）先生の用語にヒントを得て、このような考え方を展開しましたが、その時に念頭にあったのは、民法を財産法と家族法とに分けて、前者を主、後者を従とする考え方に対する疑問でした。私は、「取引民法」と対等の地位に立つものとして「生活民法」を打ち立てたいと考えたのです。

その後はこの発想をさらに推し進めて、「物（財産）の法」から「人（人格）の法」への転換が必要だと考えるようになりました。民法が抽象的な「人」の法であるのは、「人」が「物」の流通の「乗り物」として扱われてきたからではないか。二〇世紀が女性の、子どもの、そして人格権の世紀であったとするならば、二一世紀には民法の出発点は、「物」から「人」へと転換されるべきではないか。その際の「人」は、もはや抽象的な権利義務の帰属点ではなく、様々な差異を帯びそれにふさわしい処遇が求められつつも、人としての普遍性という点では同等に扱われるべき存在としてとらえられるべきなのではないか。このように考え始めたわけです。この発想はまだ十分には展開しきれていませんが、今後さらに推し進めていきたいと考えています。

以上は、私自身の研究プログラムであって、必ずしも一般的な関心の対象とはなっていないかもしれません。これに対して、一つの法典かいくつかの法典か、ということと関わる形で広く論じられることになったのが、民法と消費者法の関係です。前述のように私は、民法典の内部に「生活」に傾斜した規定、「取引」に傾斜した規定があることを端的に認めた方がよいという立場に立っています。そうした観点からは、消費者法（そして商取引法）の規定の一部を民法典に取り込んでもよいのではないか、という発想が出てきます。実際にこの問題は、二〇〇〇年代の半ばから活発化した民法（債権法）改正に関する立法論議の中で取り上げられることになりました。

世界を見渡すと、二〇世紀の民法典には一つ大きな特徴が見られます。それは民商統一法典化と消費者法の統合です。前者の例としては、スイス債務法典（一九一一）・イタリア新民法典（一九四二）がよく知られていますが、アメリカのUCC（統一商法典、一九五二）も民商の区別をしていません。後者の例としては、オランダ新民法典（一九九二——主要部分が施行）・ケベック民法典（一九九一）のほか、ドイツ新債務法（二〇〇〇）を加えることができます。そこで、日本の債権法改正においても、この点は一つの大きな論点とされたわけです。

しかし、消費者に関する規定を民法典に導入することには、産業界や消費者関連の官庁、弁護士の一部に根強い反対がありました。産業界が反対するのは、消費者保護の動きが強まることを警戒するからでしょう。

他方、消費者関連の人々の反対は、消費者法の独自性を守りたいということに由来するようです。本来は対立する立場の人たちが一致して、民法と消費者法を切り離すことに賛成するのは、奇妙なことではありますが、そこには共通の発想を見出すことができます。消費者の問題は消費者の問題として、民法典という一般法ではなく、特殊な利害を持つ人々がその形成に参画する特別法としての消費者法の問題として扱えばよい、という発想です。同様の発想は、労働契約についても見られるところです。

こうした考え方を拡張すると、様々な個別問題はそれぞれの個別法に委ねればよい、ということにもなります。では、その場合に民法典に残るのは何でしょうか。民法は「市民社会の基本法（構成原理）」と呼ばれることがありますが、商取引の存在も消費者取引の存在も考慮に入れない「市民社会」とはいかなる社会なのでしょうか。現代においては、商取引や消費者取引こそが取引の中心を占めているのは否定しがたい事実です。このような取引のあり方に関心を示さない民法典は、もはや「市民社会の基本法（構成原理）」と呼べないでしょう。民法は、消費者法や商取引法の一部を取り込んでこそ、その本来の性質を維持することができる。私自身はそのように考えています。

消費者に関する特則を置くという提案は、最終的には改正法からすべて脱落するだろうと思います。それでも以上のような議論が交わされたことは無駄なことではなかったと考えています。というよりも今後は、立法過程における議論を活かすような解釈方法論を提示していくつもりです。

私は、「生活民法」と「取引民法」の双方を含みつつ「共通民法」を構想すると同時に、「基礎民法」と「応用民法」の双方に及ぶ形で「基本民法」を構想していました。教育の場面においては、「共通」と「基本」とが重なりあうところを中核として、すべての民法学習者の共通教養としたい。その上で、教育の目的に応じて、大学院における「基礎」（古い言葉を使えば「法学」）の教育と司法研修所における「応用」（古い言葉を使えば「法術」）の教育を意識的に分化させればよい。以上が私の考えでした。

⚜「基本」というレベル

では、法学部において行われている民法教育はいかなるものかと言えば、そこには「基本」を中心としつつも、「基礎」と「応用」の初歩がふくまれると考えたい。ある意味では純粋ではないわけですが、様々な要素を包摂している点に日本の法学教育の特色があり、これを積極的に引き受けて活用していくことが必要なのではないかと考えました。

⚜内面化と共感

このように位置づけられる「基本民法」の学習において、最も重要と私が考えたのは、民法の諸制度を内面化すること、すなわち共感しつつ受容するということでした。そのためには、知識の断片を伝え、解釈の技巧を教えるのではなく、諸制度を支える要素（認識と価値の体系）を構造として示すということでした。構造を十分に理解してはじめて、共感することが可能になると考えたのです。

考えてみると、星野英一先生の利益考量論というのは、一面においてこのような学習を推奨するものだったのではないでしょうか。利益考量論を共感の技法としてとらえる、共感した上で民法典を受け入れる再継受の試みとしてとらえ直すことによって、私は一時は遠ざかっていた利益考量論に、ある時期から回帰していくことになります。

⚜法教育と導入的な法学教育

以上の見方もまた、私個人の見方にとどまっているかもしれません。しかし、私が言うような意味での基本の重視は、「法教育」に関してはある程度まで受け入れられているように思います。法教育に関する私の見方については別便（1-2）で説明しますが、ここではとりあえず「法教育」とは、専門科目として法学を学ぶのではない人々（法律家にはならない人々）に対して、法の「知識」ではなく「考え方」を教える点に重点を置いて行われる教育である、としておきましょう。

こうした教育において、法の内面化が重要であることは容易に理解されるでしょう。興味深いことに最近では、同様の考え方を法学教育に及ぼそうと考える人々も増えてきています。そこには、法科大学院ではなく法学部において行われる教育においては、何が目指されるべきかという問題が、近年になって改めてクローズアップされているという事情があります。

私もまた、法教育の観点から法学教育を見直すというのは重要な視点だと思っています。特に、（小学校や高等学校の）法教育と導入的な法学教育とは連続的に捉える必要があると考えています。しかし、法学部の教育がそれだけに尽きるものかと言えば、そうではなかろうとも思います。法教育とは区別される法学教育に固有の視点があると思いますし、また、発展的な法学教育においては、基礎や応用の側面をある程度まで深める試みがされてもよいと思うからです。

⚜基礎と応用

その後の私は、以上のマップを念頭に置きながら、研究者としての仕事を進めてきました。領域について言うと、生活民法につき『消費者法』（前出七〇頁）と『家族法』（有斐閣、一九九九）をまとめたのに続き、「社交法」を構想して『フランスの社交と法』（有斐閣、二〇〇二）を書きました。また、『生活民法入門』（東京大学出版会、二〇〇三）という教科書もまとめました。取引民法については、業態別に関連する民法上の問題を取り上げる講義を経済学部で試みたりもしましたが、道垣内さんの『ゼミナール民法入門』（前出四三頁）が出たのを見て、これ以上のものは書けないと思って断念しました。

目的に即して言えば、応用と基礎の双方で仕事をしていきたいと考えていました。結果として、二〇〇〇年代の仕事はこれらを軸に展開されることになりました。具体的には、一方では立法、特に（広い意味での）家族法立法に関与する機会が増えたため、具体的な改正問題をめぐる論文を書くことが多くなりました。これらは応用的な仕事ということになります。他方、「人の法」の構想を練る中で不法行為法の発展を再検討したいと思うようになりましたが、これは、判例の扱い方を変えることを通じて、社会背景や歴史的な事情を取り込んだ教育をしようという方向に向かうことになりました。これは基礎的な仕事と言ってよいかもしれません。これらの中味については後でまた話題にしましょう。

先ほど取引民法の教科書は断念したと述べましたが、二〇〇〇年代の後半には「ライフ・ビジネスの法理論」というのを構想したこともありました。これは、現代における生活の構造を分析し、これからの時代に求められる「ビジネス」を抽出して、それを支える組織や活動に必要な法理論を提供しようというもので、私の中では基礎的な仕事の一つとして位置づけられるべきものでした。しかし、いくつかの理由によってこれもうまく行きませんでした。

⚜思想としての民法

『法典・教育・民法学』（大村③）で私が強調したのは、研究も教育も多元的に展開する必要があるが、同時に共通の核となる部分を持つ必要があるということ、一言で言えば「一にして多」を目指すべきことだったと言えます。自分自身もまた、様々な研究・教育の試みを行ってきたつもりです。しかし、いま振り返ってみると、私の研究・教育は、民法の諸制度あるいは民法というもの自体の意味を明らかにし、それを伝えようという点に重点があるように思います。

制度レベルでは、このような指向は星野英一先生の民法学に色濃く表れていました。先生はしばしば、その制度は「何か、何のためか、どうしてそうなったのか」を考えよ、と説いておられましたが、これは、実質・形式（価値・技術）、目的、原因を問うことによって、制度趣旨を明らかにせよということだったと思います。比較法的な考察や沿革的な考察も、解釈論のためであると同時に制度趣旨を明らかにするためのものであったとみるべきなのでしょう。

私はこの発想を推し進めて、個々の制度ではなく民法典を持つということの趣旨に及ぼそうとしました。（道具ではなく）「思想としての民法」、（私事ではなく）「公事としての民法」、（国家ではなく）「市民社会の構成原理」、そして（資本主義ではなく）「共和国の民法学」を探究すべきだと考えたのです。この発想は一九九〇年代に入ってからの社会哲学の動向と軌を一にします。たとえば、ハーバーマス（Jürgen Habermas）の『公共性の構造転換』第二版[*4]はしがきなどに現れている動向です。もっとも私自身は、一九八〇年代末のパリで読んだフェリー＝ルノー[*5]（Luc Ferry et Alain Renaut）の共和主義的な法哲学・政治哲学の影響をより強く受けているかもしれません。

⚜重層的な民法学へ

言語学とのアナロジーで語るならば、このような私の指向は、民法を統語論のレベルではなく意味論のレベルで語ろうという試みであった、その際に、意味の探求を単語や文章のレベルから言語全体に及ぼすことに重点を置いていたことになります。債権法改正の過程の中で、私が民法典の体系再編を主張したのも、この点と関わっています。統語体系ではなく意味体系を重視した編成をすべきだと考えたのです。

もっとも、アナロジーをさらに推し進めるならば、語用論はどうなっているのか、という疑問が提起されるかもしれません。『法源・解釈・民法学』（前出六九頁）に収めた小論の中には、このレベルに定位するものも含まれてはいるのですが、その後、十分な展開ができてはいません。意味論が重要だと言う気持ちは変わりませんが、語用論が不要だと思っていません。民法学は異なる複数の層（相）において展開される必要があります。

さて、次は、民法学の方法について小粥さんが考えておられることを伺いたいと思います。ご著書『民法学の行方』（小粥③）に集められた諸論考はいずれも方法的な観点の強いものですが、全体を通じて見ると、小粥さんのご関心は、私の言う語用論のレベルにあるようにも思われます。どのようなお話が伺えるか、楽しみにしております。

⚜法的な思考様式を求めて？

大村敦志

＊1　のちに、宮島喬『文化的再生産の社会学――ブルデュー理論からの展開』（藤原書店、一九九四）にまとめられた。

＊2　『記憶の場』全三巻（岩波書店、二〇〇二―〇三）。ただし、部分訳のため「民法典」は収録されていない。

＊3　のちに、野上博義＝金山直樹訳「コード・シヴィル」が石井三記編『コード・シヴィルの二〇〇年』（創文社、二〇〇七）に収録された。

＊4　ハーバーマス『公共性の構造転換』　第二版は一九九〇年（初版は一九六二年）。第二版の翻訳は未来社、一九九四。

＊5　フェリー＝ルノー　日本では、『六八年の思想』（法政大学出版局、一九九八、原著は一九八五）ほか何冊かが翻訳されている。

第6信の1　試行錯誤から法学原論へ？

大村民法学の広がり

大村敦志　さま

前便を拝見して、大村さんの研究が、どんどんどんどん広がりつづけていることをあらためて感じさせられました。『典型契約と性質決定』（大村②）もそうでしたが、一見当たり前のようにも思われることを、広い視野からの分析を経て言語化されたメッセージを、法律家たちの思考世界に送り込み、法律家自身がやっていることを意識させる、反省させる、という性質のお仕事が印象に残ります。民法を持つことの政治的な意味とか、思想としての民法の方面の研究も、さまざまな受け止め方があるでしょうけれども、それまでの民法学、とくにある種の経済的側面を偏重する民法学に対する強烈な批判でありつつ、やはり、民法を持つという、現代日本人にとっては、いわれてみるまで気づかない、あるいは、一見当たり前に思われる事態の意味と問題性とを、言語化するものであるように思うのです。こうした研究は、広い意味では社会の問題の解決に向けられているとも思いますし、民法学界内部の業績として格別の重要性があることも間違いないのですが、むしろ、民法学の外部者に対して、民法とは何か、民法典とは何か、民法学とは何かを語ろうという、民法学界全体を背負った感じもするお仕事でもあるのだろうと感じます。語りかける対象として、民法業界の外部が意識されているとすれば、論述の材料が、民法業界内部のものに限られず、他の学問分野の成果、特定の学問分野に収まらない知識人の言説、市民生活——取引、生活、社交、制度作り——などに広がっていくのも当然かもしれません。

同時に、前便でご紹介くださった研究は、具体的な問題をギリギリ詰めて法学的に解決する、テクニカルな側面の強い解釈論や立法論ではなかったと思います。つまり、法律家が現場で法を用いて実際に結論までこぎ着ける、という世界からは距離がある。大村さんが語用論に近づいておられないのは、そうしたことも関係がありそうだな、と思っております。

今回の予定

今回は、私から、民法学の方法についてお手紙を差し上げます。とはいえ、大きな話もできませんので、私の『民法学の行方』（小粥③）という本を素材に、ぽろぽろとお話しを進めることにします。

『民法学の行方』は、私の小品集です。自分は、民法学者・教師として、どんな研究をするべきなのかという問題についての、試行錯誤の記録です。相変わらず民法学者・教師一般が何をすべきかもよくわからないのですが、自分が何をしたいのかは、この本をまとめる過程で、おぼろげな目標のようなものが出てきたように思っています。主観的にはそういう本です。

民法学は、自然科学の研究などと異なり、真理の探究それ自体を研究課題としては掲げにくいところがあります。とはいいつつ、局面ごとに探究すべき真理のようなものはあり、それが研究課題とされるべきことはとても多いように思います。たとえば、特定の法律規定の立法過程を歴史的に解明する、とか、特定の制度について、対応する諸外国の法制度を調査する、などです。

民法学者にとっての重要な課題は、以上のことに加えて、現行法の解釈、判例の批評、必要に応じて立法論の提示といったところかと思います。民法全体ということを考えますと、必要な仕事を一人で完遂することは不可能です。たとえば、民法全体にわたる体系書や注釈書は、現在、一人ではまず書けないように思います。もちろん、包括的な立法論も一人では無理でしょう。そうした課題を遂行するためには、問題を議論する民法学者の集団、より広く法律家集団の存在も欠かせません。

私は、これらが民法学者の「オシゴト」なのだと思っています。それをすることによって社会に貢献できる、やらねばならない仕事という意味です。ときどき、研究者は、好きな研究をすることができるので恵まれている、といわれることがありますが、民法学者については、当たっていないのではないでしょうか。少なくとも第一線で活躍する民法学者たちが、そのときどきに執筆する論文のテーマを、自分の内発的欲求だけで決めていることは少ない――ほとんどないかもしれないとさえ思える――と想像しています。授業もありますし、売れっ子はタノマレ仕事も多いでしょう。とはいえ、そういうふうにとても忙しいのは、民法業界でもごく僅かな人数に限られているような気もします。

遊び？

私自身は、「オシゴト」ばかりしていたわけではなくて、世間様には申し訳ないようですが、「遊び」も楽しんでおりました。とはいえ、二〇〇一年から二〇〇三年まで、フルタイムで法務省に勤務していた間は、「遊ぶ」力は出てきませんでした。役所を退職し、再び大学の職に恵まれてからも、改正された担保物権法の逐条研究（小粥④）を執筆したり、数年ぶりに判例解説をいくつか書いたり、学生向けの演習コーナーの連載（後に『民法の世界』（小粥⑤）という本にまとめたもの）があったりで、二一世紀に入ってからは、「オシゴト」の割合が高くなっていました。そういう感覚を持っておりましたので、いわばその反動で、違ったことをしてみたい、という欲求が募ってきたのです。

実は、そうした気持ちは、かねてから抱いていたものでした。しかし、そうはいっても、自分としては、地道に勉強したいと思っており、サマになっていなかったとは思うのですが、そういう方向で努力もしたつもりでした。ちょっと苦しい、文字通り勉強ということになっていたのですが、どうしてそうなってしまったのか、後からふりかえってみますと、おかしな研究をしていては就職できない・よい仕事に出会えないという心配から自重したということもありますし、自身の欲求とか疑問だけに忠実に、我が道を行く風情で行われているような先行研究には、私自身が読者として関心が持てないことが多く、自分もそういうものは書きたくないと思ったこともあります。また、自分で好き勝手に研究するといってもどうすればよいのか、具体的なテーマも方法も思い浮かばなかったという事情もあったような気がします。

しかし、二〇〇三年に仙台に移ってから、何かをあきらめたというのか、ふっきれたというべきかわかりませんが、もう、素直に書きたいことを書いてしまおう、自分が不思議だとか、わからないと思ったことに向き合ってみようと考えるようになってきたのです。ある時期からすぱっと切り替えたというのではなくて、「オシゴト」はいつもしているつもりですが、「遊び」の部分では、作法を気にしないで書いてしまえ、と思って書いたものがいくつかある、という程度のことです。「遊び」が余技のようなことを申しましたが、私の公表した論文の数が少ないので、結果的に「遊び」論文の比重が高くなってしまって、何ともいえない状況ではあります。さらに煮え切らないことに、自分では、少なくとも読み手としては、自分のような無手勝流よりも、作法をふまえた、あるいは作法の外しどころをふまえたように思える芸が好きなのです。自分自身の作文に対してアンビヴァレントな感情を持っているのだと思います。

さて、好き勝手に書くといっても、それまでは、それに適したテーマも書き方も思い浮かばなかったにもかかわらず、仙台にいたころは、テーマが指定された形で執筆依頼を受けた論文であっても、取り組んでいるうちに、書くべきこと、というよりも、書きたいことが出てくるような気がしました。こうした気持ちで、東北大に置いていただいた最初の数年の間に書いた小文を集めて、『民法学の行方』にまとめたわけです。

❦法学原論の見えない系譜

この本については、憲法の蟻川恒正さんが、「法学原論の見えない系譜」（法学セミナー六五三号〔二〇〇九〕）というタイトルで、すてきな書評を書いてくれました。私自身は、この本について、民法だけでなく、刑法でも、憲法でも、実定法学には、共通した課題があり、特定分野の法条の解釈適用よりも抽象的だが、法哲学者たちの議論よりは具体的なレベルで考えることに意味があるテーマをとりあげ、いわば実定法学総論に属するテーマを——網羅的ではないが——並べたという意図がありました。忘れられているかのような「時際法」（第五章）をとりあげたのは、そういう理由です。もちろん、この着想は、大村さんの『法源・解釈・民法学』（前出六九頁）なしにはありえなかったものです。蟻川さんの書評は、この私の意図を、「法学原論の見えない系譜」という言葉で拾い出し、明瞭な、そして私自身の表面的な説明とは違うのですがそれこそが私の意図だったかもしれないというようなものを示してくれたように思います。驚くほど丁寧に読んでもらい、読むというのはこういうことなのかと感嘆し、私の本にも良いところがあるのかもしれないと勇気づけられました。書評が掲載された法学セミナーが届いた日は、何度も何度もこの書評を読んでは、大学の北向きの部屋の窓からぼんやりと外をながめました。その日の空の色が、今でも目に浮かぶようです。

カテゴリ論

『民法学の行方』の中で、主観的に一番難産だったのは、第三章の「法的カテゴリの機能」でした。フランス法学を消化するのに苦しんだからだと思います。実は、最初からこういう論文を書こうと思っていたわけではありませんでした。フランスの役務提供契約の理屈に関する論文を書こうと思って、文献を集めるなどしていたつもりだったのですが、その計画を前に進める力が出てこず、結果として、民法の論文かどうかもわからないようなカテゴリ論になったのでした。そこに書かれたことは、大村さんなどは、とうの昔にご承知のことばかりだった、と感じます。つまりこの論文は、フランス法学の特性の一部を、契約法という視角から、こういうものではないかと理解した内容を書いた、というものであって、オリジナルなものだとか、学界に新しい知見を与えるものとは思えないのです。これを書いてみて、あらためて大村さんの書かれたもの、あるいは日本のフランス法研究者の書いたものを読むと、自分が、ようやく、先輩方の地平に少しは近づけたことがわかる、といった類いの作文です。とはいえ、そうしたことは、明確に言語化されていたわけではないようにも思いますので、書く意味がないではない。しかし、それは新しいとか、オリジナルといった、しばしばいわれる論文の必須要件を備えていないのです。

一般的な言い方になってしまいますが、同じものを観察していても、見る人それぞれの理解の仕方があり、それぞれの表現の仕方があります。自分がその対象を理解できていなかったときには、同じ対象について語る先人のさまざまな表現に接しても、理解することができなかったように思います。まして、同じようでありながらそれぞれ違う表現の細部を読み取ることなど、できるはずもありません。しかし、「法的カテゴリの機能」を書いてみると、先輩方と私との間に、かなりの部分で共通了解もあることに気づいた、というような案配です。

具体的にカテゴリ論の中身のことを申しますと、一つには、フランス民法学における分類好きという現象(『フランス民法』〔大村⑧〕一三三頁)の背後にある考え方を言語化しようとした性格が強い論文だと思います。

カテゴリ相互の体系的連関に関する検討作業は、西欧法における「体系」の理解を深めるのに有益だったと思います。

また、法と事実の区別についても、非常に根の深い問題だということを実感させられました。大村さんの『典型契約と性質決定』が強調した「性質決定」の問題とか思考方法にかかわるところです。大村さんの本を読ませていただいたり、フランスの本を読みますと、法と事実の区別は、言葉の上っ面ではなんとかわかった気にもなるわけです。日本でも、京極純一『日本の政治』（東京大学出版会、一九八三）が、「『事実の（de facto）の世界』と区別して、別個に『法と権利の（de jure）世界』を構成する技術は、『西洋』に始まる制度である。」という文章で書き始められているのですね。しかし、そのことの重みをわかっているのかといわれると、私は怪しいです。法概念という観念の世界にあるものと、事実とが、融合するのが、「性質決定」です。不思議すぎます。法律家はその不思議な作業を日々実践しているわけです。簡単に説明できるものではありません。私は、村上春樹の小説『ダンス・ダンス・ダンス』（初版は講談社、一九八八）に出てくる「いるかホテル」のような時空の交差点――タイムマシンのようなものでしょうか――を想起せずにはいられませんでした。

そんな疑問を頭の片隅に置きながら勉強をしているときに出会ったフランスのリヴェロという行政法学者の短編（Jean Rivero〔1910–2001〕,《Apologie pour les "faiseurs des systèmes,》, D. 1951, chr. 100.）は、法学において、物事を定冠詞の付いた形で（○○一般について）考えることの重要性を説いていました。定冠詞のない日本語の世界からは出てこない発想で、衝撃にも近い印象が残りました。定冠詞というものが何であるのか明快に理解できないまま日本語で思考している限り、到達できない地平なのかもしれません。リヴェロの論文では、少なくとも定冠詞は観念の世界のことを語るものとして書かれており、その世界がベタな事実の世界と区別されているとは思うのですが、その程度の理解ではまだまだだろうとも確信しています。これは、民法を学ぶということが、西欧とともに、「日本」を学ぶことにもなる、ということにもつながってきます。

人間への関心

『民法学の行方』は、私自身が持つ人間への関心がオモテに出ているという特徴もあると思っています。いつのころからか、法学分野の書物や論文を読んでいると、即物的なその論文の主張だけでなく、書いた人がどういう思考回路で頭を動かしているのか、とか、日常生活でどんな動きをしているのか、などに関心を惹かれることが多くなっていました。『民法学の行方』の第一章では、マルセル・プラニオルという一九世紀末から二〇世紀初頭に活躍したフランスの民法学者の研究を、おおざっぱに、しかし、包括的にとりあげ、そこから、フランス民法学の特性をさぐろうとしました。このようなスタイルの研究は、とくに外国の学者については、それほど珍しいものではないかもしれません。手間がかかりましたが、好きではじめたテーマだったこともあり、楽しかったです。私自身は、プラニオル[*1]が、さまざまな珍奇な主張――コーズ否認論、権利濫用概念否認論、物権債権の区別否定論、法人否認論などなど――を残した学者として名を残しているかのような感じを持っていなくもなかったのですが、彼は、おそらく、フランソワ・ジェニーなどよりよほど正統派で、プラニオル学説の価値は、そうした主張ないし結論とは別のところにあり、それを評価するのがフランス民法学だというようなことに気づかされました。

また、法を解釈適用する裁判官の立場に身を置いて、裁判官だったらどうするのかを考えてみますと、一般条項の解釈適用にしても、裁判官の良心という問題にしても、これまで、民法学者あるいは憲法学者が議論してきたこととは違った問題があるような気がしてきまして、これまたいずれも短編ではありますが、そうした疑問に素直に向き合って考えたことを書いたのが、「裁判官の法的思考」（第二章）と「裁判官の良心」（第六章）です。これらが学界でどのように受け止められたのかはわかりません。そもそも、声が届いているのかどうかすら怪しいわけですが、藤田宙靖先生[*2]の『最高裁回想録』（有斐閣、二〇一二）の第四章を読み、裁判官の良心の問題が、憲法学上の論点の検討という形ではなく、最高裁判事としてのご経験をふまえて、まさに、法の解釈適用をする裁判官の立場からの思考の軌跡が文章になっているのに接し、藤田先生と発想をかなりの程度において共有していたことを知って、なんとなく嬉しく感じたりしたことがありました。

第四章の「近代法における名誉」は、小さな小さな名誉論です。民法が想定する人間がどういうものか、私はまだよくわかりませんが、しばしば想定されているのは、自分自身の人生にかかわるさまざまな問題を自分で自由に決定してゆく、それに幸福を見いだす人ではないかと思います。しかし、そういう人間イメージだけを持っていると、専門家責任の一分肢である職業倫理上の責任、さらには、伝統的な名誉の観念などは、理解しがたい観念になってしまうのではないかと考えました。つまり、職業倫理も、伝統的な名誉も、それぞれ、個別の注意義務の遵守によって達成されるというよりは、身分に対して与えられた包括的な規範を全うするところが肝心なものだからです。そして、規範を全うすることによって、別の言い方をすれば義務を尽くすことによって、単に免責されるのではなく、名誉が与えられる。

周りをみますと、自身の自由とか自己決定に価値を見いだせず、いつも、滅私奉公の「公」を探すというのでしょうか、自らが殉ずべき自分の外にあるシステムを求めるというのでしょうか、自分で自分自身に価値を認めるよりも、何かの役に立ってこその自分、社会に認められてこその自分という心性を持つ人が少なくないように思います。伝統的な名誉の観念は、そうした心性に適合的であるように思われますが、それが果たして近代法のタテマエと共存できるだろうか、などということを書き連ねたつもりです。

いずれにせよ、こうした人間への関心は、私の『日本の民法学』（小粥⑥）につながっていきます。たぶん、これからも、こういう方向での勉強をつづけることになると思います。

方法論

さて、今回は、「方法論」がテーマのはずでした。民法学への取り組み方を仮に方法論とよぶとしますと、前便の大村さんは、非常に戦略的といいますか、ご自身がやるべきだと考えられたことを目標として設定した上で、そこに向けてプロジェクトを組んで続々と論文・本が仕上げられる。同時並行で、次々に大小の目標が設定され、ひっきりなしに外から飛び込んで来るミッションも上手に組み込みつつ、それぞれプロジェクトを進行させているようで、工房というか企業経営のような感じさえしてきます。大村さんのお書きになるものを拝見しますと、目配りの広さというか、民法業界の中だけでなく、社会の中での民法・民法学とか、世界の中の日本ということを意識させられることが多いのです。逆にいえば、現代の日本の民法学が、民法典を持ち、安定した司法制度を持ち、法律家ないし学者集団に支えられ、恵まれた環境の下で、いかに固定的なハコの中での活動に閉じこもりがちかを意識させられるのです。

大村さんの方法論の特色はいろいろあるとは思うのですが、前便からは、明治時代、西欧法制を移植しようとした時期に、日本の将来の法制度のあり方を見据えて議論をしていた人々——たとえば民法典論争の参加者——にも通じる開放性というのでしょうか、所与の民法の範囲の中を掘り下げるというよりは、問題を広げていく、法律家以外とも切り結ぶ、民法・民法学に対する外からの視線を念頭に論じるところに、凡百の民法学者との大きな違い、形成されてきた大村民法学の一つの特色を感じます。民法学者としては立ち位置が特殊なので、目標設定も自ずと独自のものになり、手法も、解釈論・立法論とは違うので自ずと違ったものになってくる。しかし、常に、民法・民法学の核心に向かおうとするので、民法業界とも双方向の影響関係が維持される、ということになるでしょうか。

これに対して私自身の「方法論」については、何を書けばよいでしょう。ここまでの文章からもお察しいただけると思うのですが、『民法学の行方』は、目標を設定した上で、いかにそれを実現するかという意味での方法のレベルで「語る」ことはなさそうな感じです。前便でいう「基礎研究２」につながりそうな、自分の直面した疑問に素直に向き合うのが、『民法学の行方』の方法といえば方法なのかもしれません。しかし、このような「方法」は私自身の課題を解決するにはよいのかもしれませんが、私以外の人にとってまったく意味がない研究になるおそれがあります。そういう研究も個人の趣味であればとやかくいう必要はありませんが、民法学の研究としては意味がないでしょう。つまり、社会の中での営みとしての民法学としては、ある程度の客観性を担保する術が必要であるのに、その術、独善を回避する「方法」が自分ではよくわからないのです。

再び、オシゴトへ？

遊んでばかりいますと、仕事をしなければいけない、という気持ちが湧いてきます。勉強とか仕事というのは、遊びとのバランスという意味もあるのですが、遊びとしての研究が、新しい法律や判例のフォロー、批評といった勉強によって、少しは客観性を持つことができるのではないかという期待もあります。

とくに、このところは立法が盛んで、明治期、第二次大戦後につづく、第三の法制改革期などといわれます。今は、何百という債権法の条文が全面的に改正されることになる時代です。立法への対応が、民法学者の仕事としてとても重要になると思います。新しい立法をフォローするだけでなく、第三の法制改革期から生まれた立法に対して、学者としての対応を考えなければいけないというのは、大村さんのおっしゃるとおりだと思います。

しかし、同時に、民法学界では、判例批評は非常に盛んですが、出来上がってしまった法律に対する批評というか、是々非々の評価を実践に結びつけていく立法批評は、必ずしも定着していないことが気がかりでもあります。フランスの季刊民法雑誌のように、日本の法律メディアも、民法だけでなく、広く民事の法律自体を紹介し、紹介するだけでなく批評の俎上に乗せる場を充実させるべきではないかと考えています。

立法ということになりますと、大村さんは、さまざまな立法に関与されていらっしゃいますが、とくに家族法については、その規範の内容だけでなく、立法学的な観点から、非常なご関心を持っておられると承知しております。次便では、家族法や立法学といった切り口から、民法学を語っていただけるものと期待しております。

小粥太郎

＊1　マルセル・プラニオル（Marcel Planiol, 1853-1931）　密度の濃い民法教科書（Traité élémentaire de droit civil）などで知られる。

＊2　藤田宙靖（一九四〇－）　行政法学者。東北大学教授から最高裁判所裁判官に転じた。

別便1-1

教科書について

⚜最初の教科書を書いたころ

私が最初の教科書『基本民法』シリーズ（有斐閣）を書いたのは、二〇〇〇年から二〇〇三年にかけてでした。時期としては、一方で、基礎研究を試みた上で方法論につき一応の考え方をまとめた後でしたが、他方、法科大学院や民法改正が始まる前、言い換えれば、教育と立法の時代以前のことでした。ある意味では「小春日和」のような時期であり、このような時期だったからこそ、教科書が書けたのかもしれません。

もっとも、教科書のもとになった講義は一九九二年度から始めており、一回り目は一九九六年度に、二回り目は二〇〇〇年度に終わっていました。私は比較的きちんとしたノートを作って講義に臨む性分なので、『基本民法』シリーズは一九九〇年代の私の講義を反映したものだと言えます。

本書の中で、小粥さんからは何度となく、私の教科書が解釈論にあまりコミットしていないことが指摘されて、それが私の教科書（さらには私の民法学）の特徴であるとされています。確かにその通りではあるのですが、私自身は、あえて奇を衒ってそのようなスタンスに立ったわけではありません。それまで勉強したものの上に立って、私が教科書を書けば自然にこうなる。そんな感じでした。

当時、私が自分自身の『教科書』を刊行するにあたって強く意識していた教科書は三種類ありました。一つは先輩にあたる内田貴さんのもので、大成功を収めたものでした。内田さんは民法学説を（歴史的に）説明した上で、自分はどれがよいと思うと言うのではなく、民法そのものを（共時的に）説明する、という点に重点を置かれていたと思います。この考え方を私自身も共有していました。ただし、ご覧いただくとわかるように、内田さんの教科書と私の教科書は似ている点も多いものの、テイストはかなり異なっています。

もう一つは、一九五〇年代の半ばから半世紀にわたって改訂が続けられたジャン・カルボニエの教科書で、おそらくこの本の書き方から最も強い影響を受けたように思います。この本は実定法の状況を簡潔に示す本文の部分と、実定法を取り巻く諸要素を多面的に描き出す注の部分（「問題状況」と題されています）に分かれていましたが、このうちの本文部分に相当する教科書を作ろうというのが、私の目論見でした。そして、注の部分については、別の形の副読本を作ろうと考えていました（『もうひとつの基本民法』〔全二巻。有斐閣、二〇〇五－〇七〕はその第一歩でしたが、他にも、テクストとしての条文の理解に関する『民法読解』シリーズ〔有斐閣、二〇〇九－〕や比較法としての『フランス民法』〔大村⑧〕、『日韓比較民法序説』〔大村⑦〕、社会状況と法の関係を問う『不法行為判例に学ぶ』〔大村⑤〕、『文学から見た家族法』〔ミネルヴァ書房、二〇一二〕などがこれに当たります）。

カルボニエに限らず、現代フランスの民法教科書は自分の解釈論を主張するよりも、実定法の認識・理解に重点を置いています。この点は、吉田克己さんなどが指摘されている点でもあります。もっとも、実定法の認識・理解は誰がやっても同じ、というわけではありません。ですから、フランス民法学の教科書は、個別の解釈論ではなく実定法の提示の仕方に強い関心を寄せています。

私が教科書で目指したのは、①（一定の観点に立って）民法の構造を全体として理解し、②（批判的に検討した上で）その価値観を受容して内面化するということでした。これだけを見ると、私の教科書には強い自己主張はないように見えますが、前記①②の括弧書きで示した点に創意工夫を盛り込んだつもりです。内田さんと私の違いは、このあたりに由来するのかもしれません。

私が意識した教科書の最後のものは、こうした観点から教科書を書くにあたって具体的に参照したものということになりますが、これは一種類ではなく、鈴木禄弥・星野英一両先生の教科書、そして北川善太郎先生の教科書でした。特に、鈴木先生の機能的な体系編成と制度説明には強い影響を受け、先生の教科書は学生時代からの愛読書でした。ただし、制度趣旨の理解と教育的な配慮に関しては、星野先生の教科書の特に早い時期のもの（ⅠとⅡの前半部分）に共感を覚えていました。

鈴木・星野先生の教科書は鈴木説・星野説として引用されることも多いのですが、北川先生の教科書は必ずしもそうではありません。それは北川先生が、細部で解釈論を提唱することよりも全体のシステム構築に意を用いたからだと思います。北川先生の体系イメージと私のそれとはかなり違っていますが、目指す方向はたぶん同じだったのではないでしょうか。

⚜日本の民法教科書の歴史と類型

私は、従来の教科書とは異なる教科書のあり方を示すことになった、という点において、私の教科書のようなものにも存在意義はあると思っています。もっとも、日本国内に限っても、これは私の独創ではないことに相当あとになって気づきました。戦前戦中に書かれた穂積重遠の『親族法』『相続法』が同様の発想に立っていることを発見したのです（戦後では、来栖三郎先生の『契約法』〔有斐閣、一九七四〕がこの系統に属すると思います）。また、内田さんの教科書や私の『基本民法』シリーズが依拠している東京大学の民法講義の体系――総則・物権、債権各論、債権総論・担保物権、そして親族・相続という四部構成――も、穂積に由来することを発見しました。

いまここで「従来の教科書」としたものにも、実は、二つ、ないし三つのスタイルの異なるものがあります。まず一つ目は、富井政章・鳩山秀夫・我妻栄と継承されてきたスタイルです。それぞれ原理・論理・作用のどれに重点を置くかという点に差があるものの、実定法を出発点にして、その欠落部分を解釈で埋めていくというものでした。このスタイルの教科書が日本民法学のメイン・ストリームを形作ってきたわけですが、我妻以降この流れは四宮和夫などによって（星野先生の教科書のうちⅡの後半以下の部分も同じ流れに属すると言えるでしょう）、最近では道垣内弘人さんや中田裕康さんなどによって承継されていると思います。

もう一つは、川島武宜に代表されるものです。川島の教科書は、所有権に関する理論、家族・団体に関する理論に立脚し、これによって実定法を整序・批判する独自のものです。これに匹敵する教科書は他にはありません。平井宜雄先生は、より実定法に近いところで独自の「理論」に基づく教科書を書こうとされたと言えるかもしれません。また、広中俊雄先生は独自の構想を抱かれていましたが、残念ながらその一端を示されただけに終わりました。今日では、森田修さんが教科書を書けば、この路線のものになるのではないかと思います。

さらにもう一つ、これはあまり目立たないのですが、川島先生のスタイルとは異なる、しかし、実定法の解釈論を目的とするのではない教科書として、末弘厳太郎のものや我妻栄のもう一つの教科書（『民法講義』シリーズではなく『民法大意』シリーズ（岩波書店、一九四四―四六））があります。これらは市民の生活との関連（末弘）や社会の全体構造との関連（我妻）に留意して、民法を位置づけようというものです。

この最後のタイプの教科書は、日本の民法がいかなる特色を持つのかを、日本の市民・隣接諸学の研究者・外国の研究者に示すためには、必要かつ有効なものだと思います。私自身、一般市民に教えたり、外国で教える機会が増えていることもあり、このような教科書を書かなければなるまいと思いつつあります。具体的には、『戦後日本小史 下巻』（矢内原忠雄編。東京大学出版会、一九六〇）の「法律」編に端を発し、戦後社会の法的パノラマを示すに至った我妻『法学概論』（有斐閣、一九七四）が一つの目標ですが、民法を中心に据えて、社会との関連性にもう少し踏み込んでみたいと思っています。

⚜いま、私が目指す教科書

二〇一四年末から私は、『基本民法』シリーズをリニューアルして『新基本民法』シリーズの刊行を始めました。これ自体は旧シリーズの延長線上にあるので、基本的な考え方は変わりません。ただ、前述の①②のうち、旧シリーズでは①を重視していたのに対して、新シリーズでは②に重点を移しつつあると言えるかもしれません。

むしろ、現時点で私が新たに構想しているのは、『もうひとつの基本民法』以下の諸著に対応する「副読本」シリーズの方です。カルボニエの教科書で言えば、注にあたる部分であることは前に述べた通りですが、これから考えていかなければならないのは、本文と注の連結を強化するということだと思っています。具体的には、教科書本体とより緊密に結びつく形で、「基本原理」「社会問題」「解釈方法」「学説群」「判決」「契約作成」に関する副読本を展開することを考えています。

これは内容面に限った話ではありません。思えば、カルボニエの本の大きな特色は、コンパクトな本文（実定法の提示）と濃密多彩な注（環境との関連性の開示）が一冊に収められることによって、物理的にも緊密な連結を持っていたことです。少なくとも、同じ読書空間に本文と注が共存することによって、読者は両者の相互関係を考えることを要請（強制？）されていたと言ってよいでしょう。そうだとすれば、私が試みるべきことは、自分自身があちこちに書き散らしたことや多くの同僚が書いておられることを、本文との関係で集約提示することなのではないかと思うのです。これが、いま私が目指すもう一つの教科書ということになります。こうした教科書によって学説が何に取り組んでいるかを可視化すれば、学生だけでなく実務家にも、学説が何に取り組んでいるのかを理解してもらうことが可能になるのではないかと期待しています。

私には、さらにもう一つ、第三の教科書構想もあるのですが、それは私の「法教育」と密接な関係を持っていますので、「法教育」について語る際に、あわせてお話しすることにしたいと思います。

大村敦志

別便1-2

法教育について

⚜法教育への関心

二〇〇〇年代を通じて私の大きな関心事の一つは「法教育」でした。「法教育」とは広い意味では法の教育全般、すなわち法学教育を含むものですが、ここでは高等教育段階において職業と密接にかかわる形で行われる「法学教育」は除外し、主として初等中等教育段階において市民教育の一貫して行われる法の教育のことを指すものとしましょう。

日本におけるその前史は戦前に遡ることができます。「法教育」という用語もすでに「法育」という形で現れていました。その先駆者は、本書にも何度か登場した穂積重遠であるので、私は彼を「日本の法教育の父」と呼んでいます。しかし、最近になって「法教育」が注目を集めているのは、司法制度改革の中で「法教育」の必要性――厳密には「司法教育」の必要性とされていたものが、ある時点で「法教育」の必要性に転換されたという経緯があります――が説かれたという点に求められます。ですから、「法教育」と言うと、官制のムーブメントではないか、という反発を示す方々もいらっしゃいます。そうした一面はないわけではありませんが、その必要性は古くから認識されていたことは確認しておいてよいことでしょう。

さて私自身は、最初のフランス留学中に法学教育に関心を持ったことを機縁として、一九九〇年代後半に「法教育」にも関心を持つようになりました。詳しい説明は省略しますが、民法学方法論に関する私の二冊の論文集が『法源・解釈・民法学』(前出六九頁)、『法典・教育・民法学』(大村③)と題されているのをご覧いただくと、私の関心が(法源・解釈にかかわる)専門家から(法典・教育にかかわる)一般市民へとシフトしたことを感じ取っていただけるかと思います。

「法教育」に関しては、二〇〇〇年代の初めに、妻とともにフランスの法教育絵本などを翻訳したのを手始めに、二〇〇〇年代の半ばには、岩波ジュニア新書で中高生向けの法学入門を二冊出しました。この時には二人の子どもたちに協力してもらいました。その後、二〇〇〇年代の終わりには、高校生向けの二巻本の民法教科書を書いたほか、法教育に関する自分自身の発言をまとめた小著を刊行しました。そして、本書と並行して、小学生向けの民法入門の授業や法科大学院生を相手に行った「法教育」のための授業の記録を刊行する準備も進めています。これらについては、教育学出身の研究協力者に手伝ってもらいました。さらに、関連の本を何冊か、編者・監修者として刊行しましたし、法務省の法教育推進協議会の座長を二期四年（二〇〇七―一一）、「法と教育」学会の理事長を二期六年（二〇一〇―）務めています。

⚜市民のための民法学

民法学者である私が、なぜ「法教育」のために時間をこれほど割いているのか。訝しく思っている方もおられると思います。しかし、考えてみると、ある意味でこれは自然なことなのです。というのは、日本民法学には「市民のための民法学」を目指すという伝統が存在するからです。それは大正デモクラシー期に穂積重遠・末弘厳太郎をリーダーとしてスタートし、困難な時代を我妻栄によって守られ、戦後民主主義の時代の川島武宜に引き継がれ、高度成長後には加藤一郎・星野英一両先生によって擁護されて、やがて七〇年代の市民運動期に開花したと見ることができます。

この流れの中に置いて見ると、加藤・星野の利益考量論はまさに「市民のための民法学」の方法であったと言えます。法的推論に拘泥するのではなく、広い視野に立って制度や事件を全体として把握し、想像力を働かせて当事者双方の置かれた状況を理解し、仮想的な対論を経た上で暫定的な判断を下す。その積み重ねの上に法は生成発展する。これが利益考量論の「法」イメージでしたが、それはまさに、法教育において獲得されるべき「法」イメージと重なり合うのです。

そう考えるならば、法教育と法学教育を分断して考えること自体に、疑問が投じられることになります。あるべき法教育の姿は（特に学部段階での）あるべき法学教育の姿と通じるのではないか。昨今、法学部教育のあり方を根本的に見直す動きもありますが、法学部における法学教育は法教育を基礎にすべきなのではないでしょうか。もちろん、法学教育においてはあれこれの法知識を修得することも必要ですし、その応用もできなければならないでしょう（もっとも、法学部での法知識の応用というのは、法曹のような法的推論ができるということとは少し違うようにも思いますが、いまは立ち入りません）。しかし、少なくとも大学一年次に行われる導入教育としての法学入門、あるいは法学部以外の学部で提供される教養科目としての法学入門においては、法教育との連続性を強く意識する必要がありそうです。つまり、法教育のあり方を考えるというのは、法学教育のあり方を考えることにほかならないのです。

⚜もうひとつの法教育

しかし、以上のような「法教育」は必要ではありますが、これだけで十分なわけではありません。このような「法教育」に対しては、それは「市民教育」とどう違うのか、という問いが投げかけられます。「法教育」は一種の「市民教育」です。これが私の第一の答えですが、第二の答えが続きます。「法教育」は二層に分かれており、「市民教育」に連なる基層の上に、より専門性の高い上層があるのです。この点は、前に触れた「司法教育」から「法教育」への転換がかかわってきます。この転換は、いわば上層から基層へと「法教育」の範囲を拡張する転換だったのです。

私たちは、日々、市民として「法」を生きています。この事実に基づく「法教育」が基層としての法教育です。これに対して、私たちが生きる「法」の世界には、「司法」という仕組みが組み込まれている。その仕組みの存在意義と作動方式を知り、これを私たちの「法」の重要な要素として理解し、共感しつつ支持すること。これが上層としての法教育（司法教育）に期待されていることなのです。

さらに考えてみると、「基層としての法教育」が学部の法学教育と連続するように、「上層としての法教育」は法科大学院での法学教育と呼応する面を持っているのではないでしょうか。そうであってこそ、法律家は市民的基盤を持つことができる。反対に、法律家は、「上層としての法教育」の視点を取り込むことによって、市民のための法律家たりうるのではないでしょうか。

具体的には、判例の抽出の仕方とは別の仕方で判決を読むことを通じて、市民と法律家に共通する「上層としての法教育」に基礎づけられた専門法学教育を展開すること、そして、そのための方法を確立すること。これが、最近になって私が、法科大学院の民法教育において試行錯誤しながら探究している課題です。もしこれがうまくいけば、そこから「上層としての法教育」のあり方を具体化していくこともできるはずです。

⚜法教育から民法研究へ

私にとって、法教育は単なる普及活動ではありません。少なくとも今では、それは私の民法研究と表裏一体です。

すでに触れましたように、「基層としての法教育」は具体的な法制度以前の「法」へと私を誘います。これは、「民法」とは何か、を改めて考える大きな手がかりを提供しています。たとえば、ここ数年、私は、法科大学院のゼミ生たちが中高生を相手に行う授業を指導しながら、ゼミ生たちが実定法の細目に捉われて、契約や財産といった基本的な法制度について原理的な説明ができないことに気づきました。これは彼らの責任ではなく、それを教えない、考えさせない私たちの責任だと思います。そこで、小学生相手に私自身が行う授業においては、基本的な法制度が生成する経緯を疑似的に体験させるように努めています。この経験を法学教育にうまくフィードバックすることができれば、私たちの民法理解はさらに深まるのではないかと感じています。

同じように考えるならば、「上層としての法教育」は定型的な法的推論以前の「法」に立ち向かうことを要請します。様々な規範と様々な出来事が交錯する法空間の中で、いま・ここにある法的推論は唯一のものか、そもそもそれは、いかなる要因に支えられているのか。「別様の」推論のあり方を探すことが「別様の」世界の捉え方を探すことに繋がるのではないか。こうしたことを法科大学院生たちに、そして、中高生や法学入門を学ぶ人たちに、精粗の差はあれ核心において共通の仕方で学んでもらうこと。これは依然として、小粥さんの言う語用論のレベルに立つものではなく、メタ語用論にとどまるのかもしれません。しかし、民法学者としての私の職分はこのレベルにあるように思うのです。このレベルに定位して法的推論の（原理的な）多様性と（暫定的な）求心性のかかわりを問うことを通じて司法のあり方に光をあてることが、私たちの民法研究にとってありうる一つの方向のように思われるのです。

　最後にもう一つ、付け加えておくことがあります。それは、「法教育」は私の民法体系観にも大きな影響を与えているということです。二〇〇〇年の前後からでしょうか、私は、フランスにおける人格・人身の法の発展への関心に加えて、広中俊雄先生からの影響も受けて、「人の法」への関心を深めてきました。では具体的に「人の法」はどのような姿をみせるのか。この問いに対する私の暫定的な解答は、法教育の教材として作った高校生向けの民法教科書に現れています。高校生に語りかけるにあたって、私は、「私」から出発するほかないと考え、「私」を起点にした体系の原型を提示してみました。「個人」を中核として、個人と個人の関係を「家族」「契約」「団体」に分類するという体系構想です。別便（1-1）の末尾で触れた私の第三の民法教科書は、この構想の延長線上に現れることになるだろうと思います。

大村敦志

第2章　二〇〇〇年代日本の民法学

——立法と教育——

立法の時代と民法学

第6信の2　大立法時代の民法学

大村敦志さま

前便が長くなってしまいましたので、別に、立法という視点から民法学をながめる手紙をまとめました。最近は、立法が身近な話題になっていると感じます。

ふりかえってみますと、民法の領域においては、明治期に、何もなかったところに、旧民法典、そしてその修正としての現行民法典が制定されるというきわめて大きな出来事がありました。しかし、その後、一〇〇年以上にわたって、民法典そのものに関して——つまり、特別法の制定・改正は別として——、立法の動きは乏しかったといえます。もちろん、第二次大戦直後には、大きな民法改正がありました。両性の平等のための法整備、イエ制度の廃止など、政策面の大転換です。しかし、条文の姿という観点からしますと、既存の法典から新しい憲法に合わないところを削る作業が中心になりましたから、新しい法制度ができたとはいいにくい面があったように思います。条文の新設となると根抵当立法（一九七一年）が大きなものですが、これは民法典の中でも周縁部分の出来事といわざるをえません。民法典は、長らく静かな環境に置かれていたと思います。そうした静寂を破った本格的な民法典の改正となったのは、成年後見法でしょうか。この改正は、一九九九年の成立ですから、現行民法典の施行（一八九八年）から一〇一年が経っています。

成年後見法は、民法典の総則編や親族編に大きな変化をもたらしました。これをひとつの契機として、民法教科書の勢力地図も変化したように感じます。つまり、それまでは、我妻栄『民法講義Ⅰ　民法総則』（岩波書店）のように、古い（初版一九三〇年。新訂版が一九六五年刊行）体系書・教科書であっても、現役の勉強道具として活用されていました。しかし、成年後見法以降、いかに名著でも、古いものは、学生が使う教科書の地位からは外れていったという印象を持っています。民法の体系書・教科書も、定期的に改訂を重ねなければ使ってもらえない傾向が強くなったということでしょうか。

さて、成年後見法の後、民法、商法、民事訴訟法、倒産法など、基本法といわれる分野の改正が活発化してきます。二〇〇一年に、法務大臣を本部長とする「経済関係民刑基本法整備本部」が設置され、法務省民事局参事官室の部屋がずいぶん大きくなり、参事官や局付といわれるスタッフの数が飛躍的に増えました。ここのスタッフが裏方となって、一連の倒産法制の改革、会社法、保険法の改正、債権法改正の準備作業などが行われました。現在では、この「本部」もなくなり、法務省民事局参事官室の部屋も小さくなっているようです。

なぜ、二一世紀の初頭に、いわゆる基本法の改正が相次いで「第三の法制改革期」などといわれることになったのか、それ自体も興味深い問題ですが、民法学として考えるべきことの一つは、大規模な民法改正の民法学への影響だろうと考えています。さきほどふれた、我妻『民法講義』が現役の教科書でなくなったということは、基本法改正による民法学への影響の氷山の一角だと思っています。

大改正の経験の民法学への影響というのは、改正法の体系書や注釈書をどう書くかということももちろんですが、たとえば、法形成を担おうとする学説にとって、改正という選択肢が現実的なものとなり、民法学において、これまで以上に積極的に立法論が行われることになるのか、というような影響です。民法も、商法（会社法）くらいの機敏さで法改正をしていくことになれば、判例、解釈学説の重要性は下がるでしょう。しかし、債権法改正作業などを経験した上で、立法に大きな期待はできないという感触を抱いた方もありそうです。民法分野の政策形成において、立法の比重がどのくらいのものとなるべきか、民法学が立法とどう付き合うべきかなどについて、これから、明示的黙示的に、様々な態度が表明されてくると予想しています。その意味で、大村さんが、先頃、成就しなかった立法をとりあげて、「連戦連敗」というタイトルの講演をされたとお聞きして、とても気になっているところです。

もう一つ注意したいことは、立法の経験の共有です。すなわち、二〇世紀の間は、民事立法、とくに民法改正などの議論に参加することができたのは、法務省の関係者を別にすれば、きわめて一部の研究者に限られていたと思います。しかし、一連の基本法整備の過程で、民法学界からも、多くの研究者が、法制審議会の部会委員や幹事として、あるいは法務省民事局参事官室にフルタイムで勤務するという形で、立法作業と密接なかかわりを持つことになりました。また、法制審の部会の会議資料や議事録がウェブ上で公開されるようになったため、全国の研究者が、民法改正のプロセスを同時に経験することになったということもできると思います。良し悪しはともかくとして、その過程で、民法学者が立法実務にふれ、立法実務ないし法律実務家との距離は縮まり、言葉が通じやすくなっていることを感じます。たとえば、法制審の民法（債権関係）部会では、債務不履行における帰責事由について、弁護士会と学界との相互理解が進んだようでした（鎌田薫＝中井康之＝道垣内弘人「民法（債権関係）の改正に関する要綱仮案の公表」ジュリスト一四七四号〔二〇一四〕）。法科大学院の経験とも共通するところがあると思っています。こうしたところにも、民法学が変化する予兆がありそうです。

「改正担保物権法・逐条研究」

前置きが長くなってしまいました。今回は、山野目章夫・小粥太郎両名による、改正担保物権法の研究（「平成一五年法による改正担保物権法・逐条研究」〔小粥④〕）をとりあげたいと思います。この改正は、私が、一時、大学を離れて法務省民事局参事官室に在職したときに所属したグループが担当した仕事ですので、いわゆる立案担当者による新法解説であると受け取られる可能性があるかもしれません。しかし、山野目さんは、法制審の部会メンバーではありましたが、一貫して大学の人です。また、立案担当者による解説としては、谷口園恵＝筒井健夫編著『改正担保・執行法の解説』（商事法務、二〇〇四）があります。山野目＝小粥『改正担保物権法』は、立案担当者解説の他にも書き残しておくべきことがありそうだ、ということで準備されたものです。より個人的には、改正のプロセスを含めて、せっかく勉強させていただいたのだから、忘れないうちに書いておこう、という事情もありました。

山野目さんとの共同執筆というのも、私にとっては重要なことでした。特定の問題について特定の視角から分析するような論文であればともかく、改正法の逐条研究というようなジャンルのものは、一人で書くよりも複数の視点を持って書く方がよさそうに思いました。網羅性とか包括性が求められる場合に、一人ではそれに応えることが難しいけれども、二人であればなんとかなる、ということかもしれません。とはいえ、このような狙いは、論文公表前に複数の同僚にレビューをしてもらえばある程度実現できそうです。また、パートナーがスーパーマンのような山野目さんだったので、私が共著の良さを過大評価しているおそれもあります。

共著ということ

もちろん、共著への躊躇もありました。読者の立場になりますと、少なくとも私の感覚によれば、文章と生身の人間のつながりがみえる方が興味を惹かれやすく、その関係が不透明な文章には、苦手意識が出てきます。二人くらいの共著でも、文章から顔がみえないことがあります。三人の共著、たとえば、合議体の判決書であれば、ときおり、起案者なり裁判長の顔が、あるいは合議の様子が想像できないではありません。しかし、もっと人数が多い委員会などの報告書などとなると、文章から顔が思い浮かぶことはほぼなく（司法制度改革審議会の意見書から佐藤幸治先生の姿が浮かんでくるなどということはありますが）、国会議員全員の共著ともいうべき法律に至っては、私にとっては、たいがい無機質の文字の集合です。研究者による新法・改正法の解説は、生身の人間の文章を通じて新しい法律へのアクセスを容易にするという意味でも、重要なことだと思います。

「解説」の難点

さて、民法そのものの改正はそれほど頻繁でなかったにせよ、新法制定や法改正自体は、珍しいことではありません。民法学者も、民法ないし周辺領域の新法・改正法が出れば、その研究をすることは当然です。もっとも、その方法ということになりますと、判例研究の方法がさかんに論じられるのとは違って、新法・改正法の研究の方法について論じられることは一般的ではありません。通常の法解釈方法論に吸収されているということなのでしょう。そうであればとくに問題はないはずです。しかし、現実的な新法・改正法への向き合い方を観察するなら、課題はありそうです。

問題は、新法「解説」という言葉に表れているように思うのです。つまり、新法・改正法が次々に現れますと、どうしても、それらが所与のもの、絶対的なものとされがちだということです。乱暴にいいますと、しばしば、「解説」はこの法律の意味はかくかくしかじかであると述べます。そして、読者は、「解説」を受け入れて、法律の意味を知り、必要に応じて行動を変える。こういう「解説」は、しばしば、インターアクティブではなくて、一方的です。もちろん、解説者たちは、新法なり改正法が、数多の立法課題の一部を受け止めただけのものであり、その内容も複数の可能性の中からの妥協の産物だったりすること、なお解決されるべき問題が残されていることなどを承知しているはずです。しかし、新法なり改正法が効果的に実現されるには、そうしたもろもろのことはひとまず措いて、この法律の意味はかくかくしかじかである、ということだけを読者に伝える。そうせざるをえないのだろうと思います。こういう「解説」が一定の社会的意義を有することは、否定できません。しかし、そうした「解説」が、民法学の営み、あるいは法学教育を構成するといわれるようなことがあるなら、それは、少なくとも周辺的な位置を占めるにとどまるべきものではないかと思うのです。

そんなことを考えていたこともあり、『改正担保物権法』では、改正法を、文脈——政治的文脈も含めて——から切り離された所与とみるのではなくて、これまでの議論——重要な学説上の議論も含めて——の流れの中に位置づけるというようなことができたらよいと考えていました。

短期賃貸借保護制度

たとえば、抵当権に後れる短期の賃貸借は抵当権に対抗できるとしていたかつての民法三九五条——短期賃貸借保護制度——の改正の項目では、これまでの議論の経緯——研究者の議論に限らず——を、それなりに集めて拾ってあります。新法解説であれば、過去の議論に頁数を割くのは珍しいことかもしれません。しかし、そのことによって、改正が、短期賃貸借保護制度は執行妨害の道具として濫用されてばかりなので改正した、というような単純な物語ではなかったことが伝わるのではないかと思いました。

法律家だけで議論をしたのであれば、民事執行法の数次の改正と運用改善によって制度濫用の状況は改善していたから、改正の必要はない、ということになっていた可能性もあったと思います。しかし、それにもかかわらず改正ということになったのは、司法制度改革の一環として権利実現の実効性確保という政策目標の実現が期待されていたことや、どういうわけか総合規制改革会議がしばしば短期賃貸借保護制度の廃止にこだわったことなど、当時の立法を取り巻く状況が関係していたと考えています。

似たような問題は、ほぼ同時期に法制審の建物区分所有法部会で審議されていた、マンション建替え要件の改正という論点に関しても存在していました。少なからざる法律家は、多数決だけで建替え決議ができるとすることに躊躇を示しており、その方向で部会決定がまとまりつつあったのです。しかし、審議の最終段階で、部会は、総合規制改革会議の意向を汲んで（?）、突如方向転換をすることになりました。それは、「事件」といってよいものでした。結果的に、多数決だけで建替え決議ができるとする現在の建物区分所有法六二条が出来上がっています（この「事件」の興味深い経緯については、http://www8.cao.go.jp/kisei/giji/02/wg/infra1.html, http://www8.cao.go.jp/kisei/giji/02/wg/infra2.html, http://www.moj.go.jp/shingi1/shingi_tatemono_index.html〔一五回、一六回会議〕）。

当時の状況からすれば、法制審の担保・執行法制部会が短期賃貸借保護制度を改正しないという方向を示した場合には、建物区分所有法部会におけると同じような「事件」が起こった可能性は否定できなかったと思います。そこでは、短期賃貸借保護制度をどのように見直すかという問題と同時に、民法改正における議論の進め方如何が問題となっていたとみるべきでしょう。こうした状況の中で、短期賃貸借保護制度の改正が行われたことも、民法学界は記憶しておくべきではないかと思います。

また、『改正担保物権法』の中では、立法論として、単純な廃止論以外にもさまざまな提案があったことを紹介し、検討しています。これも、改正法を相対視することを可能にするものです。

昔から存在する民法の条文については、系譜研究や比較法研究を通じて、条文本来の意味をできるだけ明らかにすると同時に、その歴史的・比較法的な相対性を浮き彫りにして、あらためて当該条文の政策の当否を考えさせる研究が行われますが、以上にごく簡単にご紹介した民法三九五条改正の研究も、そのミニチュア版でして、時系列を遡り（⇒系譜研究）、他の選択肢の可能性を紹介することにより（⇒比較法研究）、同様の目的達成を狙うものです。政治的文脈にも、十分ではありませんが、言及しています。当たり前といえば当たり前のことであり、特別の方法論が用いられているなどというつもりはありません。

立法のフォロー

新法・改正法の研究対象は、たいてい、新しい条文です。立法の現場で議論の対象となるのは、基本的には、法律の条文になるべき部分ですから、逐条研究は重要ですが、逐条研究にとどまります。しかし、その背後にも考えるべきことがあると思います。

たとえば、『改正担保物権法』が扱った二〇〇三年改正の背後には、抵当権の性格の変化がみえかくれしています。変化の要因は、いくつか指摘することができます。

まず、収益執行制度の新設です。当時の判例によれば、現に賃借人がある不動産について物上代位によって賃料から優先弁済を受けることができたにとどまったのが、二〇〇三年改正によって、現に収益をあげていない不動産であっても、被担保債権の不履行があれば、抵当権者は、所有者を排除して賃貸に出して収益をあげ、そこから優先弁済を受けることができるようになりました（民事執行法一八八条・九六条）。

つぎに、従前の滌除制度や短期賃貸借保護制度の改正です。民法典は、もともと、抵当権に劣後する権利を有する者――抵当不動産について所有権を取得した者や、賃借権の設定を受けた者――について、単純に抵当権に劣後するとはせずに、一定の保護を与えていました。こうした観点から滌除と短期賃貸借保護をまとめて扱うことは、すでに、富井政章『民法原論第二巻 物権』（有斐閣、一九一四）五五六頁以下が行っていました。ところが、二〇〇三年改正では、いずれの制度についても、単純に抵当権が優先するという方向への修正が行われました。

さらに、抵当権者の債権回収方法として、抵当不動産の売却だけでなく、収益執行、さらに被担保債権とともにする抵当権の譲渡が強く意識されるようになったことも指摘できると思います。具体的には、根抵当権者による根抵当権の元本確定請求制度の新設。三九八条の一九第二項にそれが現れていると思います。それまでの規定によれば、根抵当権者だけの意思をもってしては、被担保債権だけを譲渡できるにとどまり、根抵当権の元本を確定させた上で、被担保債権とともに根抵当権を譲渡することができませんでした。

これら三つの変化の要因をセットにして考えること自体、一つの選択ではありますが、仮にセットで考えるとして、これらを抵当権の強化というような言葉で説明することは可能です。しかし、なんだか物足りないのです。実務に直接関係しない趣味の世界かもしれませんが、日本の実定法上の抵当権という仕組みが、ゆらりと変化しているようなので、そのことを、できるだけ包括的に、しかも、単に抵当権の強化というよりも豊かな言葉で、説明できたらいいと思うのです。授業で抵当権法を説明するときなどに、個別のルールをそれぞれ説明するのではなく、相互に関連づけながらできるだけ体系的に説明したい、そのほうが個別のルールの集積を理解しやすいはずである、というような感覚に由来する希望です。

こうした説明への努力は、立法の最前線での議論からも、条文からも、距離があります。しかし、早い段階でそれに成功すれば、二〇〇三年改正の理解を深めると思いますし、将来の法発展を予測し、あるいは制御できるかもしれません。

民法学と立法との関係

例によってまとまりのないままに今回の手紙も終わることになりそうです。

商法、民事訴訟法、倒産法の分野はよくわかりませんが、民法に関する立法は、立法政策において争いがあると、その争いをまとめて前に進める力がなかなか出てこなくて、なかなか実質的な改正に至らず、もどかしく思われることがあります。もちろん、所有、契約、不法行為など、民法の基本的な部分については、そうそう簡単に動いても困りますから、それでよいのだろうとも思います。しかし、同じく基本的な部分といっても、家族法についてもそれでよかったかどうかは、評価が分かれそうです。たとえば、夫婦別姓の立法論についてみますと、私自身は、現行法が十分だとは思いません。別姓の立法政策については、さらに改善の余地もあるかもしれませんが、ある程度コンセンサスはできていたものだと承知しています。そうだといたしますと、その政策をもって立法を実現できなかったこと、つまり、立法政策の実現手法について反省すべきところがあったのではないかということにつながります。

私の今回の手紙にしても、出来上がった法律とどう付き合うかが中心で、どのような法律をどう作るかという方面に立ち入ることができませんでした。立法についてお話しをしていながら、肝心のことは話題にできていないように思います。

ところで、大村さんの近著『穂積重遠』（大村⑥）には、第二次大戦前の家族法改正に関する民法学者の動きがとりあげられていました。大正時代の臨時教育会議の建議による家族制度イデオロギー強化の方向性の提示にもかかわらず、臨時法制審議会の答申が、必ずしも家族制度強化ではなくて、むしろ夫婦・親子の結合を強化するとともに、父権的色彩を薄めていたという事実に対して、あらためて注意喚起がされていると受け止めました。この手紙の冒頭にも言及した戦後の家族法改正は、もちろん新憲法の理念に基づくものではありましたが、戦前の学説——臨時法制審議会の改正要綱もその現れでしょう——との連続性もあるということを思い出せ、とおっしゃっているように聞こえたのです。臨時法制審議会にかかわった穂積の、なんとも形容しがたい「強さ」のようなものも教えられました。現代の民法学者にそうした役割を担うことができるのかといわれますと、なかなか難しそうですが、大村さんの穂積論からは、時代に合った形での立法政策の実現手法、さらに民法学の対象をどう考えるべきか——とくに著作以外の活動による立法ないし社会への働きかけ——についてのヒントが詰まっているように思いました。

民法学のあり方を立法の状況と離れて考えることは難しいはずです。民法典制定以来、約一〇〇年の静寂期を経て、民法自体が大きく変わる時代になっているわけですから、民法学のあり方も変化せざるをえない。その変化の有無や性格を分析するためにも、民法学の現状の一端を、とくに立法との接し方という観点から書き留めておく意味もあるのではないか、などと考えています。

小粥太郎

第7信　家族法その日その時

小粥太郎 さま

⚜一問一答やQ＆A

新しい立法がなされると法務省の立案担当者が「一問一答」あるいは「Q＆A」といった表題を持つ新法解説書を書くというのは、いつの頃から始まった習慣なのでしょうか。少なくとも最近の立法では例外なく、このような解説書が書かれていますね。そして、それらはあたかも立法者意思を表す資料であるかのように扱われることもあります。

確かにこれらの解説書は、立法のさしあたりの目的や課題を理解するのには有益なものです。私たち研究者も、自分が成立の経緯に詳しくない立法について調べるために、また、自分が関与した立法についても当時の議論を確認するために、これらを利用してその恩恵に与っています。しかし、一歩立ち入って考え始めると、解説書を読んでもわからないことがいろいろ出てきますし、解説書の説明が十分ではないと感じることもあります。

もっとも、これは「無い物ねだり」というべきなのでしょう。解説書は立案過程において検討されたことがらを参照しつつ、新法に解説を加えることを目的としており、それ以上のものではないからです。

⚜歴史的観点を含む解説

わざわざこのようなことを述べるのは、小粥さんが山野目章夫さんとともに書かれた二〇〇三年改正に関する解説論文（山野目＝小粥「平成一五年法による改正担保物権法・逐条研究」〔小粥④〕）は、以上のような標準的な新法解説書ではないからです。山野目＝小粥解説の大きな特色は、旧法の立法過程やこれまでの議論を掘り起こす作業を行っており、新法の規定をそれらに接続することを試みている点にあると思います。これは立案担当者の解説に求められるような種類のことではありません。研究者が新法について解説する際の一つの優れた方法だろうと思います。

もちろん、接続が試みられたとしても、そこから何か明確な解釈指針が出てくるかと言えば、そうしたことはありうるものの、常にそうなることが保証されているわけではありません。しかし、新法を歴史の過程の中に位置づけることによって、問題の所在が、あるいは、議論のきっかけが示されるということはあるでしょう。そこまでもいかず、将来において何らかの役に立つかもしれないという予感が示されるにとどまることもあるでしょう。

こうした様々な可能性の検討は、本来は、立法過程において（立法以前に）行っておくべきことがらかもしれません。とはいえ、実際の立法においては十分な検討がされない問題が残ってしまうということは、よくあることです。あるいは、立法がなされたことによって（立法後に初めて）問題が意識されるということもないわけではありません。二〇〇三年改正がとりわけそのような改正であったかどうかはわかりませんが、山野目＝小粥解説はこうした補充が必要であることを、控えめに（しかし執拗に）主張しています。

以上のように山野目＝小粥解説は、一見すると実用的な解説であるかのような顔をしてみせていますが、実は、学説による基礎的な研究としての色彩をも強く帯びたものなのです。では、小粥さんが債権法改正に関する解説を書くとなると、同じようなスタンスになるのかどうか。このスタンスは小粥さんの個性によるものなのか、それとも立案担当者の一人として、立法過程をつぶさに観察したという経験によるものなのか。この点については、小粥さんが実際に債権法改正の解説を書かれるのを待つことにしましょう。

⚜「第三の法制改革期」

そこで、小粥さんのお話を受けて、私の方の立法へのかかわりをお話ししたいと思います。二〇〇〇年代が民事立法の時代であったことは確かですが、その少し前、一九九〇年代の終わりごろからすでに、第三の開国期＝法制改革期といった表現が使われるようになっていました。確かに一九九〇年代の後半から立法は活発化しており、民法に関連するものとしても、一九九八年の特定非営利活動促進法（ＮＰＯ法）、債権譲渡特例法の制定、一九九九年の借地借家法、成年後見制度の改正などが挙げられます。最後の立法は、前便で小粥さんが特に言及されたものです。

私自身が、法制審議会に出席するようになったのは一九九七年で、債権譲渡特例法の最終段階からでした。最初から関わった初めての立法は成年後見制度で、この時には法制審に先行して行われた研究会から参加しました。以後、法制審では、生殖補助医療関連親子法制、根保証、不動産登記法、保険法、戸籍法、成年年齢、児童虐待関連親権法制、そして民法債権関係に関与してきました。その他に法務省以外では、消費者契約法の改正や公益通報制度の制定、あるいは法人制度改革などにも若干の関わりを持ちました。

こうして見ると、（人の法を含む）家族法に関する立法が最も多く、（消費者に関連する）契約法関係がこれに続いています。私自身は必ずしも家族法の専門家であるという意識は持っていないのですが、民法全体の中で家族法は財産法とは異なるやや特殊な領域であるというとらえ方がされていること、家族法の専門家が相対的に少ないことなどもあって、家族法の立法に関与する機会が増えたのだろうと思います。

⚜家族法の基礎研究から応用へ

私が家族法に関心を持つようになったのは、最初のフランス滞在中でした。小粥さんもよくご存じのように、フランスでは家族法と財産法とは同等の比重を持っており、トップ・クラスの民法学者はその両方を研究対象としていることが多いのです。そんなこともあってでしょうか、フランスに出かける前に日本の指導教授だった星野英一先生から、フランスに行ったら家族法も勉強してくるとよい、というご示唆をいただいていました。フランスでの指導教授であったジェラール・コルニュ先生も契約法のほか家族法を得意とされていました。また私の滞在中には、フランスでは生殖補助医療をめぐる立法問題が盛んに論じられていました。私が家族法に関心を持っているという話を耳にされたのでしょう、磯村保教授から有斐閣の新教科書シリーズの『親族法』を書かないかというお誘いを受けたのも、このフランス滞在中のことでした。

帰国後、私は「フランス語圏における家族法立法学・序説」（加藤一郎先生古稀記念『現代社会と民法学の動向・下』（有斐閣、一九九二）所収）、「フランス家族法改革と立法学」（法学協会雑誌一一〇巻一号（一九九三））、「フランスにおける人工生殖論議」（法学協会雑誌一〇九巻四号（一九九二））などフランス法の研究からスタートし、続いて「性転換・同性愛と民法」（ジュリスト一〇八〇号・一〇八一号（一九九五））、「夫婦連名預金の法的性質」（ジュリスト一一〇二号・一一〇三号（一九九六））、「民法典の改正―後二編」（広中俊雄＝星野英一編『民法典の百年第一巻』（有斐閣、一九九八年）所収）などを経て、一九九九年に『家族法』（有斐閣）を刊行することになります。すぐ後でお話しするように、二〇〇〇年代を中心に、私は家族法上の立法課題について論文を書くことが多くなりますが、それに先立ち、一九九〇年代には家族法上の重要判例について評釈を書くようになっていました。教科書の刊行によって私は家族法の専門家と目されることになるのですが、東京大学の判例研究会ではそれ以前から、家族法の事件が私に割り当てられることが多くなっていたからです。こうして私は、まず判例につき、続いて立法につき、一連の評釈・論文を書くことを通じて、家族法の生成に関与する学説の一角を担うようになりました。なお、以下で言及する論文の方は大部分は『新しい日本の民法学へ』（大村④）に収録されています。判例評釈の方は、『消費者・家族と法』（東京大学出版会、一九九九）に付録という形で収録してあります。

✤有責配偶者の離婚請求

一九九〇年代に私が判例評釈を書いた事件の中で重要なものは三つありました。一つ目は、有責配偶者の離婚請求に関する最高裁昭和六二年九月二日大法廷判決（民集四一巻六号一四二三頁）です（法学協会雑誌一一一巻六号（一九九四））。この事件については、判決登場からずいぶん時間がたってから評釈をすることになったのですが、そのため、判決後の下級審裁判例を分析の対象とすることができたのが幸いでした。評釈の中では、下級審裁判例には最高裁が提示したいわゆる三要件に従わず、（おそらくは最高裁の別の判示部分を参照して）これとは異なる判断枠組を用いているものがあることを示しました。評釈の際には、判旨のどの部分が判例として機能したのかを事後的に確認したいという意識を持っていましたが、自分なりの成果を挙げることができたと思っています。ある意味ではこれは、暴利行為に関する大審院昭和九年五月一日判決（民集一三巻八七五頁）の定式がいかに機能しているかという問題意識と同質の問題意識でした。暴利行為については、この認識はある程度までは広がったと思うのですが、有責配偶者の離婚請求については必ずしもそうはなりませんでした。しかし、当時、家族法立法に関与していた有力な研究者に注目していただいたのは幸いなことでした。

❖子の引渡し請求

二つ目は、子の引渡し請求に関する最高裁平成五年一〇月一九日判決（民集四七巻八号五〇九九頁）です（法学協会雑誌一一二巻八号（一九九五））。これは子の引渡し請求に関するリーディング・ケースとされるものですが、親権者間の紛争においては現状維持を原則とし、どちらの親が監護者として優れているかという点につき裁判所は立ち入らないという考え方を打ち出したものでした。私は、この事件においては、「子の福祉」ではなく「親の権利」が優越していることを指摘しました。ありふれた主張のように見えますが、当時、平井宜雄先生は、法学における思考様式として権利思考と目的結果思考を対比して、家族法においては後者が優越すると説かれていたのに対して、そうではない例を示すということでこの点を強調しました。家族法において家庭裁判所がはたす役割は非常に大きく、かつ重要なものでありますが、私は、その科学主義には一定の歯止めが必要だと考えています。この主張は家事事件を専門とする裁判官の方々の（批判的な）関心を集めたようです。

⚜非嫡出子の相続分

三つ目は、非嫡出子の相続分に関する最高裁平成七年七月五日大法廷決定（民集四九巻七号一七八九頁）です（法学協会雑誌一一四巻一一号（一九九七））。この問題については、平成五年の東京高裁決定の段階から関心を持っており、この事件の評釈も書きました。特に、高裁決定に関しては「子どもの権利」に立脚した議論の粗雑さに疑問をいだき、このままでは困ると思い、自ら進んで評釈を引き受けました。大法廷決定に関しては、立法論としてはともかく違憲判断としては正しい方向だろうと受け止めて、可部補足意見の言う「婚姻の帰結」をより踏み込んだ形で説明することを目指しました。子の相続権は母の地位に依存しており、母が第三者に対抗できない場合には同様に第三者に対抗できない、したがって未婚の母とその子の相続権はゼロであるのが原則であり、非嫡出子の相続分は恩恵に過ぎない、という見方を提示しました。その際に、同一不動産につき信託が二重に設定された場合に、登記を備えない受託者は権利を取得し得ず、当該信託の受益者は受益権を取得しないのと同じ構造であると考えました。この議論は、その後の合憲論に対して一定の抑止効果を持ったと評されたこともありました。その後、最高裁平成二五年九月四日大法廷決定（民集六七巻六号一三二〇頁）によって判例変更がなされましたが、私は二つの大法廷決定が基本的には同一の判断構造をとっており、東京高裁決定やこれを支持した学説のようには考えていない点が重要だと思っています。また、同一の判断構造をとりつつ結論が変わったのはなぜかという点が理論的には興味深い点です。この事件の評釈も私が担当することになりましたので、これらの点を論ずることに重点を置くつもりです。

以上のように、判例評釈の中には、判決が出てからずいぶん後になって回顧的な検討を行ったもの（有責配偶者のケース）、判決のその意味づけのために同時代的な検討を行ったもの（子の引渡しのケース）、予想される判決に先立ち問題点を示したもの（非嫡出子のケース）がありましたが、これから話題にする立法に関する諸論文に関しては、その多くは、同時代的なものと先行的なものだったと言えます。あえて回顧的なものを挙げるとすると、比較的最近に執筆した親権に関するものがこれに当たると言えます。

⚜後見人の取消権と代理権

立法に関する論文のうちには、立法過程の途中で公表したものがいくつかありますが、一つ目は、成年後見制度にかかわるものでした（「『能力』に関する覚書」ジュリスト一一四一号〔一九九八〕）。成年後見制度の導入に際しての私の主張の主眼は、成年後見人を選任すれば老後はバラ色だとか、任意後見は法定後見よりも優れた制度だといった誤解（独断）を排する点にありました。ジュリストに書いた論文においては、（任意後見における）代理権授与が（法定後見における）同意権・取消権よりも優れているという主張を反駁する点に重点を置きました。後見人が悪質な人物である場合、代理権の付与は同意権・取消権の付与よりも危険ですらある。このことの自覚が任意後見を礼賛する人々には欠けていることに危惧感を抱いたからです。私の見るところによれば、代理権は、本人と代理人のいずれもが単独で行為できる体制を創り出すものであるのに対して、同意権・取消権は、本人と代理人の双方がそろって行為しなければならないという体制を創り出すものである。前者は便利ですが危険であり、後者は不便ですが安全です。だから、この二つを適宜に使い分けなければならない。この区別は、代理につきかつて示されていたものですが、私自身は、フランス夫婦財産法における財産管理方法から着想を得ました。

⚜生殖補助医療と嫡出推定・認知

二つ目は、生殖補助医療に関するものです（「生殖補助医療と家族法――立法準備作業の現状をふまえて」ジュリスト一二四三号〔二〇〇三〕）。生殖補助医療にかかわる親子法制の整備にあたって、私は制限的な立場に立ちました。特に、死後生殖の場合には認知は不可能である（父と子の同時存在の要件が欠けている親子関係は認められない）し、代理懐胎契約は無効になる（あるいはそこから生じる債務は自然債務に過ぎない）と考えました。ジュリスト論文もこうした考え方に立っていますが、こうした立法論は、生殖補助医療が認められるのは自然生殖への擬制（assimilation）が可能な限度においてであるという発想と、子どもを欲する側の権利よりも代理懐胎する者の権利を厚く保護すべきであるという発想に依拠しています。前者はヨーロッパ大陸（フランスやドイツ）の議論（生命倫理だけでなく婚姻観・親子観を含む）から学んだものであり、後者はアメリカや韓国の事例を反面教師としたものであると言えます。

⚜いわゆる三〇〇日問題

三つ目は婚姻に関してですが、やはりジュリストの求めに応じて、「三〇〇日問題」につき一文を寄せていたことがあります（「『三〇〇日問題』とは何か」ジュリスト一三四二号〔二〇〇七〕）。この問題については新聞の取材にも応じました。「三〇〇日問題」は仮象問題であり、婚姻後二〇〇日までに生まれた子なのに嫡出子にすることができない点こそが問題であり、この問題はむしろ「二〇〇日問題」と呼ばれるべきではないか。これが私の基本認識でした。「三〇〇日問題」はマス・メディアによって創出された（mediatiser）問題であり、「問題」の構成もメディア主導でなされました。これに対して、法務省が非常に巧みに（しかし若干の問題をはらみつつ）対応をしたことによって、[*1]立法をせずに騒ぎは終息したのですが、私は、マス・メディアの「しかけ」になぜ人々が反応したのかを考え、「結婚後に生まれた子を嫡出子として届けられないのはおかしい」という意識を析出しました。いわゆる「できちゃった婚」（最近では、結婚業界の巧みな「しかけ」により「さずかり婚」と呼ばれる）が増えたために、「推定されない嫡出子」が珍しくなくなった結果だと考えました。ここから出発し、嫡出子の定義を「婚姻中に懐胎または出生した子」に改めた上で、前婚・後婚の推定の重複を調整する（後婚優先とするか父を定める訴えによるとするか）というのが正道であろうと説きました。その際の基本的な発想は、単純な血縁主義によって嫡出推定が空洞化しないように、というものでした。

⚜成年年齢の引き下げ

以上とは異なり、立法が現実化する以前に立法論を提起したこともあります。その一例が成年年齢の引き下げでした（「民法四条をめぐる立法論的覚書──『年少者法（こども・わかもの法）』への第一歩」法曹時報五九巻九号〔二〇〇七〕）。国民投票法との関係でこの点がいずれ問題になるだろうと考えて、法曹時報に寄稿を求められた際に、立法論の枠組みを提示してみました。そこで行ったのは、ある種の資格付与のために用いられている年齢は満二〇歳とは限らないという立法上の事実の再確認ですが、その上で、成年・未成年二分法を廃する可能性について言及しました。この立法論の背後にあるのは、後期未成年者（大学生・高校生）に自治を認めるべきだという要請と、初期成年者（大学院生）に支援を与えるべきではないかという要請を調整するという発想でしたが、実定法的に見ますと、一方で「自治産」「親権解放」[*2]という制度の存在、他方で、ヨーロッパで見られる大学院生に対する種々の支援制度の存在を念頭に置いていました。

⚜夫婦財産関係の清算

もう一つの例は配偶者相続権の見直しでした（「婚姻法・離婚法」ジュリスト一三八四号〔二〇〇九〕）。婚姻解消時に夫婦の財産関係は、財産分与と配偶者相続権によって清算されるという説明は、そのような意図によって設計されたものではなく、たまたまそうなったというものに過ぎない。いわば経路依存的なものであって、ある種のゆがみを抱えている。家族法改正に関する私法学会シンポジウム（二〇〇九年）に参加した際に、改めて立法論として考えるのならば、このゆがみをただす必要があるのではないかと考えました。具体的には、離婚の場合だけでなく死別の場合にも夫婦の財産関係の清算を先行させる。その上で、離婚の場合には固有の離婚給付を、死別の場合には固有の配偶者相続権を付与すればよい。この場合に「固有」というのは、清算的な意味を持たない（生活保障的な意味を持つ）ものという意味で、それならば現在の財産分与や配偶者相続権のように大きな割合のものではなくてもよい、と考えました。前述のように、非嫡出子の相続分につき違憲決定が出された後、政府は法改正に踏み切りましたが、その際に、自民党が配偶者の法的な地位の見直しを要望したこともあって、法務省は見直し作業を始めました。どのような案が取りまとめられるか、現時点では明らかではありませんが、私の提出した考え方も選択肢の一つとして検討されています。

⚜懲戒権と親権の一部停止

最後に一つ、立法関係の論文で、終わった立法を振り返るというタイプのものを挙げておきましょう。児童虐待関連の親権法改正が二〇一一年に実現しましたが、この時に検討されながら見送られた論点として、懲戒権の削除と親権の一部停止の導入がありました。立法過程で私はいずれについても慎重論に与し、立法はその方向でなされました。その際に、懲戒権だけを削除すればよいわけではない、また、一部停止のためには監護権の内容を明らかにする必要があるなどと述べました。しかし、そのことの意味は、法制審議会の議事録を読んだだけではわかりにくいだろうと思います。その場でより立ち入った議論がされることはなかったので、立案担当者の解説においても詳しい説明はされていません。そこで理論的な理由を明らかにすることが、改正法の理解に資するだろうし、また、将来ありうる再改正の基礎ともなるだろう。そう考えて、私の考え方を論文にまとめておくことにしました（「親権・懲戒権・監護権」野村豊弘先生古稀記念『民法の未来』〔商事法務、二〇一四〕）。

⚜少数意見でもよい

立法論という以上、これからの立法（あるいは規範定立）を想定したものであるのが普通でしょう。私自身の立法論も多くの場合には、そうした事前の局面におけるものでした。しかし、最後に挙げた例のように、後ろ向きの立法論というのも考えられないわけではありません。この場合に行われるのは立法に向けての提言ではなく、あり得たかもしれない立法を想定しつつ、あるべき解釈を探求することになります。

見方によれば、それは通常の解釈論と同じだと思われるかもしれません。立法過程を振り返って解釈論を展開するというのは珍しいことではないからです。しかし、立法から時間が経つにつれて立法時の諸事情は忘れられます。起草過程が回顧されることがあっても、それは現在の観点からの回顧にとどまりがちです。もちろん、想像力と細心さを持って立法資料を読めば、あり得たであろう立法のポテンシャルをつかみ出すことは不可能ではありませんが、それはそう容易なことではありません。

建築家の磯崎新は[*3]『UNBUILT／反建築史』、安藤忠雄は[*4]『連戦連敗』という本を出していますが、立法論を展開する学者と同じく、建築家は自分たちの「夢」のごく一部を実現できるにすぎません。そのunbuiltのポテンシャルを活かしていく方法を私たちはまだ十分には知りません。しかし、債権法改正の後に行われる後ろ向きの立法論（＝立法過程を振り返っての解釈論）として望まれるのは、こうした方向の議論であろうと思います。

私が試みてきた立法論のうち、現実の法改正に影響を与えたものは必ずしも多くはないかもしれません。しかし、連戦連敗が必ずしも本当の敗北というわけでもありません。研究者にとって、問題を解決すること以上に重要なのは、議論に新たな視点を導入したり（議論空間の拡張）、考慮すべき新たな原理を提示する（議論要素の再編）ことだと思われるからです。

新たな視点は、裁判例の検討や社会の実態の反映、他の法領域との比較、外国法の知見からもたらされます。新しい原理（その端緒）は、自己の中に形成された指向性によって導かれます。その指向性がいつ芽生えたのか、それを確言できないこともありますが、個人としての研究者は時代の器となって諸要素を方向づけます。集合体としての学説は異なるベクトルを集積して議論空間を広げていくのです。そして、その中にストックされた少数意見は、ある時に顧みられるべきものとしてその姿を再び現すこともあるのです。

同様のことは、もちろん解釈論にも妥当します。そこでも研究者にとって重要なことのひとつは、視点や原理の提示だろうと思います。ただ、立法論の場合には、諸事情の考慮はより柔軟かつ広汎に行いうるし、また行うべきでしょう。この点が立法論のメリットであるとともに、難しさでもあります。

⚜多元的な家族観

個々の立法論・解釈論がどの程度実現するかということ以上に、私が重要だと思うのは、家族に対する考え方を提示するということです。私が一貫して反対しているのは、男女平等とか子どもの権利、あるいは血統主義などの単一の原理だけで家族法を組み立てることができるという幻想です。現代においては様々な家族のあり方を承認する必要があると思いますが、様々な家族のあり方は全く同等というわけではありません。また、現に存在する家族の態様だけがありうる家族の態様ではないでしょう。

以上のような基本的な考え方から、私は、「婚姻家族の法」と「非婚姻家族の法」とを対置しています。ここでいう「婚姻家族」は文字通り、男女の婚姻に基づいて成立する家族を指しています。婚姻の本質は生まれてくる子に父を与えることにあるので、「婚姻家族」の法には、夫婦の法と親子の法が含まれます。この二つの法を連結するのが嫡出推定制度ということになります。これに対して、「非婚姻家族」とは男女（父母）が婚姻関係にない家族のことで、離婚後の親子関係や婚姻外の親子関係がこれに対応します。現代日本においては家族のあり方は多様化しつつありますが、それでも婚姻家族が中心的な家族類型であることはなお確かなことでしょう。そこで、これを典型として保護することが必要であるけれども、同時に、他の様々な家族もまた家族の類型であることを正面から認め、適切な処遇を与えるべきである。個々の立法論・解釈論を通じて、このような考え方が少なくとも十分にありうる考え方であることを知ってもらいたいと思っています。

ところで、多元化という現象は、家族法の内部にとどまるものではなく、家族法の外部にも影響を及ぼしています。それは「家族の契約化」という現象にかかわります。かつて日本では、婚姻届を出していない男女のカップルを「内縁の夫婦」と呼ぶことによって、婚姻に準ずる保護を与えるという法理が展開しました。準婚理論と呼ばれるものです。具体的には、内縁の夫婦が離別する際に、一定の保護（損害賠償）を与える法理が二〇世紀の早い時期から発展しており、その後、とくに社会保障法の分野では内縁の夫婦を法律上の夫婦と同視するに至っています。

しかし、最近の学説の中には私自身も含めて、意図的に婚姻届を出さないカップルを法律上の夫婦と同じく扱う必要はないとする学説も有力になっています。また、判例にもこの考え方に立つものが現れ始めている。結婚によって家族という強い結びつきを創り出すのではなく、契約によって家族に類する、しかし、より弱い結びつきを創り出すことは不可能ではないでしょう。そして現代においては、このような弱い結びつきを保護することも必要なことでしょう。「再構成家族に関する一考察」、「日本法における兄弟姉妹」、「民法における『ともだち』」などの論文は、いずれもこのような観点に立つものでした。取引でもなく組織でもない、人と人との結びつきを規律する法は、家族法に限られない。契約法もこのような役割を果たすべきなのではないかと考えています。

⚜共和主義的な家族法観

どのような家族であれ、家族はそのメンバーの生活を支える働きをしています。しかし、そのことは、個人の生活を支えるのは家族だけである、ということを意味するわけではありません。介護サービスを例に考えてみると、人々は必要なサービスを家族から得るほかに、市場から得ることもできるし、社会保障から得ることもできます。ここで「市場から」というのは、介護サービスを有償契約によって受けることを、「社会保障から」というのは社会保障給付として受けることを、それぞれ意味しています。

そうだとすると、家族を個人と個人の私的な関係としてとらえて、そこに生ずる紛争を解決するだけでは十分とは言えません。私たちの社会は、家族に何をゆだね、家族以外のものに何をゆだねるのか。こうしたマクロの観点から、家族のあり方を考えていくことが重要だと思います。私たちの生活にとって一定の意味を持つものとして家族をとらえ、具体的な解決がどのようなものになるにせよ、私たちの「共通の関心事（res publica）」として家族のあり方を考えよう。これが私の言う「共和主義（republicain）」の家族法観です。そして、このような観点に立つならば、家族の公法的な規律をどうするか、という問題ともかかわってきます。具体的には、税法や社会保障法において、家族をどのように扱うか（どの程度まで優遇するか）ということも視野に入れなければなりません。

⚜民事立法学へ

判例・立法に寄り添う形で、この二〇年、家族法に関する発言をしてきました。その成果は、水野紀子さんなどと比べると微々たるものです。それでもそれなりの努力はしてきたつもりですが、今になって改めて思うのは家族法立法の困難さです。婚姻法、親子法、そして成年年齢などなかなかうまく行かない立法が多いのです。このような状況をどのように認識し、そして乗り越えていくべきでしょうか。

この点に関しては以前から、フランスの経験が興味深いと感じています。フランスでは、一九七〇年代に離婚法改正が行われましたが、国内の意見は一致していませんでした。すなわち、離婚の容易化を望む人々がいる一方で、伝統的なカトリックの家族観に基づき離婚を認めたがらない人々もいて、世論の一致は認められませんでした。この時に起草者のカルボニエが採用したのが、多元主義的立法観と呼ぶべき考え方でした。「各人にそれぞれの家族を、そして、各家族にそれぞれの法を」というのが、そのスローガンでしたが、つまり、どの立場の人も容認できるような多元的な案を用意する、ということです。また、反発を避けるためには、政治的な妥協や象徴的なネーミングなども動員する。たとえば、離婚については有責主義の離婚原因を残すとともに、同性カップルの保護にあたってはパクス（ＰＡＣＳ）という呼称を採用しました。ＰＡＣＳはPacte civil de solidaritéの略称ですが、solidarité（連帯）はフランス社会ではプラスのイメージを持つ言葉であり、また、ＰＡＣＳはＰＡＸ（平和）に通じるという含意もありました。このあたりのことについては、「フランス家族法改革と立法学」のほか「パクスの教訓」などでも紹介・検討したところです。

多元性への配慮と並んで重要なのは、立法の開放性ということだと思います。あらかじめ「よい選択肢」を一つ選ぶという抵抗の大きい方法をとらず、異なる立場に配慮した「複数の選択肢」を用意して、後は国民の選択にゆだねるというやり方をとるならば、立法の負担はずいぶん軽くなります。フランスの離婚法改革はその例であり、複数の離婚原因の提示は「アラカルト離婚」と呼ばれました。私は最近では、（カルボニエにも潜在的に見られた）このような発想を「進化主義的な立法観」と呼びたくなっています。「妥協」を前向きにとらえて、進化の方向に棹さす（ある意味では「近代法のあり方」を想起させるような――ただし、より自覚的なengagementを含む）というのが今後の一つの進み方であろうと思うのです。

私たちは立法の時代を生きているのに、これまでの解釈論中心の民法学になおもとどまっています。立法過程を検討して立法を左右する要素を抽出する、また、立法論を提示するための技法を整理し、後の解釈論において立法時とそれ以前の議論を参酌する手法を確立する、そうした広い意味での民事立法学が必要とされています。私自身、この問題にかつて強い関心を寄せていたものの、十分に練られた研究を展開するには至りませんでした。この点をさらに考えて、今後は教育にも立法学を導入したいと思っています。

そこで次は教育に関することを話し合うことになりますが、まずは小粥さんから『民法の世界』(小粥⑤)についてのお話を伺いましょう。この本の表題は素晴らしい。常々そう思っていますが、そうした感想はまた後で述べさせていただきます。

大村敦志

＊1　婚姻解消後三〇〇日以内に生まれた子は、前夫の子として届け出なければならないが、婚姻解消後に懐胎された子については、前夫の子として届け出る必要はないとする通達が出された。

＊2　自治産・親権解放　一定年齢以上の未成年者に、自己の財産について管理する権限をより広く与える制度。

＊3　磯崎新(一九三一―)　建築家。代表作に筑波センタービル(一九八三)など。『UNBUILT/反建築史』は、TOTO出版、二〇〇一。

＊4　安藤忠雄(一九四一―)　建築家。代表作に表参道ヒルズ(二〇〇六)など。『連戦連敗』は、東京大学出版会、二〇〇一。

第8信　民法の世界

大村敦志さま

家族法と立法

親子関係であれば、血統主義だけをベースに考えても良い制度は作れない、代理懐胎であれば、大人の自己決定だけをベースに考えても良い制度が作れない。外国の動向などをファクトとして考慮に入れつつ、さまざまな考慮要因を議論の空間に提出する、というのが大村さんの家族法立法に際しての活動の中で、大きな比重を占めているように思いました。つまり、大村さんの前便を拝見しますと、アプリオリにご自身の主張が存在して、それを立法論でも主張する、というのではなくて、議論の現状をふまえ、同時に出口と申しますか、合理的なレンジの結論を睨みつつ、議論の空間に足りないものを付け加える。フィールド全体を見渡して、敵味方の位置どりを頭に入れた上で、神出鬼没に、もっとも効果的なポジションをとるサッカープレイヤーみたいです。チームプレーの中での活動ということを意識されているようなところが印象に残ります。学説という言葉のとらえ方も、大村さんは、集団的ですね。判例評釈などを通じて意見を表明することで、学説の一角を担う、というような表現などにそれがあらわれています。個々の論点に関するA説、B説というものが学説だと理解されることもありますが、大村さんの場合は、いわば、A説が多数だが、○○の観点からこれを批判するB説も少数ながら有力だという状況全体が学説であり、たとえば立法の際は、A説またはB説を採用するというのでなく、状況全体としての学説を考慮に入れて、大きな失敗のない成果を得るべきだというようなイメージをお持ちのようにお見受けしました。

しかし、マス・メディアにとりあげられるような問題に関しては、争点も議論も単純化されがちで、大村さんが望まれるような複眼的な議論が難しくなることもありそうです。理性的な議論の空間をどう用意するのか、別の戦略を考えるのか、問題が残されているように思いました。もうひとつは、もう少し積極的に社会を動かしていくような立法の場合、家族法でも、夫婦別姓の問題などはそうではないかと思うのですが、議論の仕方も違ったものにならないか、などという感想を持ちました。

今回の予定

さて、今回は、民法学と教育がテーマになります。ひとまず、私の演習書というのでしょうか、学生に読んでもらうことを期待してまとめた、『民法の世界』（小粥⑤）という本を素材に、手紙を書いてみます。『民法の世界』という書名を褒めていただきましたが、これは、蟻川恒正さんがくれたアイデアなので、彼に感謝しなければいけません。書名の件にかぎらず、同僚との接触から生まれるものは、少なくないと思います。自分だけでは書けないものが書けたり、別の姿になったり。教授会メンバーの中に、それぞれの専門分野の外のことについて関心と見識を持つ人が多いと、同僚相互間の化学反応が促されるような気がします。私も、仙台では、法学でなく政治学の同僚から、不意に私の論文の中のある脚注の記述についての感想を聞かされ、驚くと同時にあらためて緊張感を覚えたり、ということがありました。どの大学にも、それぞれ研究の触媒となるような雰囲気があるはずで、それでこその大学だとは思います。

冒頭から脱線してしまいましたが、まずは『民法の世界』について簡単に紹介をさせていただき、その後で、いくらか一般的なことを考えてみます。

『民法の世界』

私たち民法学者というか民法教師は、授業の準備をしたり、論文を書くときに、いろいろな資料を読むわけですが、ときどき、面白いなあと、感じるものがあります。しかし、それを授業でとりあげたいけれども十分な時間はなく、かといって論文に書くことではない、というものが多いのです。論文に書かないというのは、他人のアイデアとか、他人の論文の紹介だけでは論文にならないからですね。『民法の世界』で拾ったテーマは、そういうものが多いです。

この本のねらいの一つは、学生と民法学との間の距離を埋めるような、橋渡しをしたい、ということでした。学生と学説の別居ということがこの往復書簡でも話題になっていますが、学生だけでなく、実務に携わる弁護士・裁判官も、一部の例外を除いて、意外に、良質の研究に接していないのではないか、という印象を持っております。そこで、学生が興味を持ってくれそうな具体的な問題設定——演習形式——を通じて、民法学者たちがどのような研究をしているのか、その一端を示すことで、橋渡しをしよう、というわけでした。そういう意図もあったため、参考文献欄がずいぶんスペースを取ることになっています。この本における文献の引用は、プライオリティ――誰がそのことを先に言ったか――優先ではなく、民法学のひとつの模範演技がコレです、是非読んでください、というような感覚でしています。

同時に、この本のねらいは、手付とか、景観利益を守るための差止めなど、対象となる紛争とその解決のための理論というよりは、その過程であらわれる、法的なものの考え方の実相を示すところに置いたつもりでした。つまり、この本には、民法解釈方法論を、具体的な事例に即して解説しているという性格があるのです。そういう意味では、標準的な演習書とは毛色が違うのかもしれません。しかし、民法教育、あるいは法学教育の重要な目的が、法的なものの考え方を身につけてもらうことにあるとすれば、こうしたスタイルの演習書は、必要ではないでしょうか。

少し一般化しますと、どうすれば説得力ある解釈論・立法論ができるのか？という問題に取り組んだ、ということにもなります。つまり、現に妥当している法律家の議論の仕方＝慣行をひとまず所与として、その慣行を言語化した上で、効き目のある議論の仕方をさぐったつもりです。

なので、まずもって、この本に書いてあること――法的な議論の仕方――が、プロからみて、当たっているのかどうか、が、自分としては、気になるところでした。

もちろん、制約というか限界も、当然あります。現に妥当している法、それも民法および周辺分野の解釈適用の慣行を基礎として説得力の大小を考えているので、学生にとっては、まずは、現在の慣行に照らして説得力の大きな議論をすべきことを推奨していることになります。実務でも試験でも、そうしていただく方が実利が得られる、というつもりです。しかし、その慣行の内容によっては、あるいは評価軸の置き方如何では、そういう行動が正しいと評価されるとは限りません。

経済分析の手法を例にとると、現時点では、これ一辺倒の議論では、裁判所や相手方を説得することは難しいように思います。しかし、経済分析も一定の説得力がある、場合によっては不可欠だという慣行が形成されてくれば、事情は変わってくるでしょう。そうした慣行やその推移の政治的意味は、別途、検討されるべきだと思っています。

あるいは、『民法の世界』では、条文をしっかり踏まえた議論とか、形式論といわれるような論法が、慣行上、説得力が高いとされることを強調しています。しかし、条文から自由な議論も、中長期的には意味があると思います。また、債権法の全面改正が施行された後に、条文に対してどのように接するべきかは、あらためて考え直す必要がある問題ではないかとも思います。しかし、この本では、ひとまず、現在の法的議論の慣行を重視し、条文は大切であるとした上で、そのワクの中で、成功しそうな法律論をさぐるということが効果的であるとしたわけです。

意味論・統語論と語用論

『民法の世界』は、言語学でいう語用論に対応する部分が多いような気がします。民法にはどういうルールや制度があるか、とか、民法というものがいったい何であるか、ということにもふれていなくてはありませんが、フォーカスは、民法によって、あるいは民法を使って考えるというのはどういうことか、に当てられているように思います。こういうことは、学習者が、教科書を読むだけでは修得が難しいけれども、民法の世界を理解するためにはぜひとも理解すべきことだと、私は考えているのです。

これに対して大村さんは、教科書その他、民法の教育目的の著作では、語用論にあたる部分にそれほど注力しておられないように感じておりました。私は、そのことの意味を、以前は、大村さんの民法教育の対象が、法律専門職に就くとは限らない法学部生や一般市民だと想定されているからではないかと穿っていたのですが、現在では、法律専門職に就く予定の学生、司法試験のことで頭が一杯の学生に対して、民法を、より高いところから俯瞰すること、より深く理解することを教え、彼／彼女らの目前のニーズには合致しないかもしれないけれども後々振り返れば有益だったと思わせるような民法教育を提供しようという意図に出た配慮ではないかと想像しているところです。

民法学と教育の結びつき

さて、民法学者・教師の著作には、プロ向きの本だけでなく、学生向け・一般読者向けのものが少なくありません。教科書とか、演習書とか、入門書といわれるものです。

大村さんも、法学部生や法科大学院の一年生向けと想像される『基本民法』シリーズだけでなく、もう少し一般向けの、『生活民法入門』（前出七六頁）であるとか、高校生向けの入門書（『市民社会と〈私〉と法Ⅰ Ⅱ』〔商事法務、二〇〇八・二〇一〇〕、『一八歳の自律』〔羽鳥書店、二〇一〇〕）も何種類も書いておられます。また、教科書とは違う、しかし教育目的の著作といえそうなものとして、『民法のみかた』（有斐閣、二〇一〇）、『もうひとつの基本民法ⅠⅡ』（前出九五頁）などもあります。学校教育法の大学の教授に関する条文では、賛否はあるでしょうけれど、教授は、「学生を教授し、その研究を指導し、又は研究に従事する。」とされています。教育第一ということでしょうか。実際にも、個人差はあるでしょうけれども、とくに法科大学院の教育を担当する民法学者・教師のエネルギーの相当な部分は、教育に注がれているように思います。

巷に民法教育を目的とする本が多いのは、必ずしも最近に限られた現象ではなく、少し時代をさかのぼっても、教科書はさまざまあり、その中で、学生ないし市民の教育を念頭に置く、名著とされる本も出ていました。講義風のものとして、末弘厳太郎『民法講話』（岩波書店、一九二六－二七）、我妻栄『民法案内 上』（日本評論新社、一九五六）、問題演習形式のものとして、幾代通＝鈴木禄弥＝広中俊雄『民法の基礎知識（一）』（有斐閣、一九六四）、加藤一郎『民法ノート（上）』（有斐閣、一九八四）などです。いずれも、優れた教育書でありながら、同時に、研究者たちをも大いに刺激するものだったと思います。著者たちにとっては、研究であり教育である、といった著作なのではないかと想像しています。

研究に専従する民法学者というものもあり得るでしょうけれども、私自身は、民法研究者は同時に教師であるほうがよいのではないかと思っています。

民法の講義と民法学者・民法教師

民法教育は、受け手である学生や市民のために行われるものですから、受益者が民法を知ること、理解すること、使えるようになること、などが、まずもっての目的となるはずです。しかし、民法教育は、民法教師にとっても意義があります。教えることが勉強になるからです。

民法教師の教育活動の中心は、講義です。ゼミナール（演習）も教育の場ですが、そこで中心になるのは、教師よりも学生でしょう。

講義は、準備の段階で、否応なく、広い範囲の勉強をすることになる点で有益です。民法は、大学での専門科目としては、あらためて申すまでもありませんが、全体を四単位で四つくらいに分割して提供されるのが普通かと思います。合計で一六単位分程度、つまり、一回九〇分の授業で三〇回のコースを四つ、合計一八〇時間程度になります。これだけの時間、講義をするためには、それなりの準備も必要になります。一年間に担当するのは、二コース程度でしょうか。個々の民法教師が担当する科目は、ローテーションで変わっていくことが多いでしょう。私のこれまでの所属大学では、毎年必ず別の科目に代わるというよりは、同一の科目を二、三年担当することもあったりしつつ、数年かけて全体を担当することになるようなゆるやかなローテーションでした。そうなりますと、数年ぶりに担当する科目では、教師としては、講義のための勉強もゼロベースとまではいきませんが、やり直しに近いことになりがちで、さらに勉強時間が必要になります。

星野英一先生が、狭いところをいわば井戸を掘る、というのだけでなく、教科書のように、広い池を掘ることにも意味があるとおっしゃっていました。私がその意味を理解できているかどうかはともかく、民法全体を講義するために勉強することによって見えるものは、たしかにあります。

そもそも、実務に携わる法律家であれば、特定の専門分野だけに通暁していればつとまるものではないでしょう。たとえば、訴訟で憲法関係の事件を扱う場合に、憲法だけ知っていれば代理人なり裁判官が務まる、ということはありえないわけです。法律家として専門分野は必要でしょうけれど、実践的な解釈論なり立法論を行うのであれば、実定法全体に対して万遍なく知識を獲得するように努めていなければ、効果的な議論は難しいように思います。そういう理由で、万遍なく勉強する機会を得るために、講義、それもローテーションで民法全体を講義することが、民法学者・教師にとっては望ましいと思っております。

とはいえ、優れた才能を持つ民法学者、勤勉な民法学者にとっては、ローテーションどころか講義自体も必要ないかもしれません。学生の立場からすれば、そういう民法学者の講義をこそ聞きたくなりそうですが。

担当科目の問題

もう少し大学の講義と教育の関係について、話題にしてみたいことがあります。それは、講義の担当科目と研究分野との関係です。

日本では、民法学者が民法の講義をしますね。もちろん、消費者法、医事法、信託法とか、フランス法の講義を担当している民法学者もいます。しかし、多くの民法学者の講義担当は、民法だけか、せいぜい民法が中心です。これに対してアメリカでは、だいたいの話ですが、二年生三年生向けの発展的な科目であれば、その分野の研究をしている人がその分野の授業を担当しているようですが、一年生向けの契約法とか不法行為法といった日本でいう民法に相当する基礎科目は、契約法学者や不法行為法学者が担当するわけではない。そもそも、契約法だけが専門とか、不法行為法だけが専門という学者の数は、とても少ない感じがします。フランスは、アメリカと日本を対置すれば、圧倒的に日本に近いと思います。しかし、ヨーロッパでも、民法学者が民法だけ講義するというよりは、民法だけでなく、国際私法も講義するとか、運送法も講義するとか、法哲学も講義するとか、少なくとも日本よりは、民法学者が民法だけを講義する度合いは小さいように思うのです。

民法学者が民法だけを研究して民法だけを講義するというタテマエを採用しますと、民法というワクから出られないために、社会問題を解決する研究・教育が難しくなりそうです。今日の社会に生ずる問題は、民法だけでなく、様々な実定法諸分野の知見を総動員して、解釈論・立法論を駆使しなければならないものが少なくないと思いますが、そうした問題に対して、民法の観点だけからのコメントをするようなことになってしまいがちです。責任ある解決案の提示にはなりません。これは私自身の反省でもあります。

実際の民法学者の中には、柔軟に、研究・教育の分野を広げ、社会問題の解決に向けて民法以外の諸分野にも目配りをした研究・教育が行う人が珍しくないとも思います。第4信で書かせていただいた民法学者による基礎研究は、実際には、しばしば民法のワクを越境します。しかし、大学で民法の講義を担当している人は民法の研究だけをすべきだ、という縄張り感覚のようなものの存在は、否定しがたいように思います。

民法学者というくくりを維持するとか、民法学者の担当講義を民法中心のままとするなら、研究は解釈論・立法論よりも基礎研究にシフトしたほうがよさそうで、そういう選択肢もあるだろうと思います。しかし、民法学者が社会問題の解決に積極的にコミットしようとするのであれば、民法学者というワクにこだわったり、担当講義を民法だけにするというようなことは、よくない。解決案として、学者の看板を複数にする、つまり、たとえば、私は、民法学者でありかつ環境法学者であると、人々が名乗るようにしてゆく可能性はあるでしょう。私は、民法という言葉の意味を、現代社会に応じて広くとらえなおすところに、打開の糸口があるのではないかと考えています。もはや、教育の話題から大幅に脱線してしまいました（つづきは、別便〔2-1〕にまとめておきます）。

民法教育と民法学

さいごに、もう一つ。大村さんは、文学や美学の教育においては、文芸や芸術を鑑賞する能力を備えた人々を世に送ることの意義が大きく、文芸・芸術がそうした人々に支えられていることを指摘され、法学についても同様に考えることができないだろうか、と書かれています（『法典・教育・民法学』〔大村③〕一三八頁）。民法学の支援者を増やす、という言い方もされていました。

民法学も、専門分化した学問分野の一つですから、だれもが予備知識なしに理解できるようなものではありません。加えて、法の世界は実務が動きさえすればよいのであって、民法学など無用だという雰囲気さえも漂う世間のことを考えますと、民法学者としては、民法学を理解し、支援する人々を増やすことは、もちろん重要なことだと思います。民法学に芸事としての要素があるということを申しましたが、そうなりますと、自分で芸をするわけではないが、批評能力はある目利きのような人々の存在は、とても重要になってきます。もっとも、そのための戦略が、民法学の理解者・支援者増加プログラムという形をとるとすれば、民法学のことにばかり目が向きすぎているために、利害関係者の協力が得られにくくなる危険を感じます。やはり、教育の受益者――学生なり一般市民なり――のニーズに対応した形で民法学の研究成果を伝達してゆく、たとえば、民法典のことをひととおり知りたいという人には民法典の歴史研究の成果を、法学部生として民法解釈論を勉強している人には解釈論の模範演技のような研究の成果を、具体的事件に直面した弁護士・裁判官には、ヒントを与えそうな基礎研究をその事件に関連づける形で、研究を志す人には民法学の先達の優れた研究成果を、それぞれ伝達する。相手に応じて、その相手に利益をもたらすような形で民法学を伝達してゆくことが、教育の場面では必要だろうと考えます。

おわりに

教育という切り口から民法学を考えてみますと、まだまだ、沢山の話題がありそうです。たとえば、判例研究の方法論は、民法学の方法の観点からは論争がありましたが、教育の場面で判例をどう扱うかについては、別に考える余地がありそうです。判例を素材にした教材はいろいろな種類がありますので、たとえば、それぞれがどのような教育を目指すものなのか、一度、整理して検討したほうがよいのかもしれません。また、教育というテーマに関連するものとしては、教科書という話題にもふれたかったところです。心残りばかりですが、今回はひとまずこのあたりで切り上げて、大村さんにバトンタッチさせてください。

小粥太郎

第9信　不法行為法が社会と法を繋ぐ

小粥太郎　さま

⚜「世界」に視線を向ける

『民法の世界』（小粥⑤）は表題がすばらしい。私からの前便の最後にそう書き記しましたが、この本の内容は、表題にふさわしいものでした。この本は学習雑誌『法学教室』に連載された「演習」をまとめたものですが、「演習」という枠組みをうまく利用しながら、学生を「民法の世界」に誘っていると感じます。

ここでいう「民法の世界」は、事件と法体系（カルボニエ風に言えば判決と法規範）から成り立っていますが、この本は、具体的な設問から出発して結論に至るまでの道すがら、通り抜けることになる近景――ミクロ・コスモス（出来事指向の法的推論）の風景――を順を追って解説しつつ、同時に、ランドマークの先に広がる遠景――マクロ・コスモス（構造指向の法的推論）――にも注意を促しています。時には、遠景を見晴るかすことができる設問が選ばれて、その眺望の意味（パースペクティブ）が語られもします。

読者に対して小粥さんは、足元だけを見ながら先に進むのではなく、視線を上げるように促しています。視線を上げて目を瞠り周囲を見回すならば、「民法の世界」が見渡せるはずだ。何を見ていいのかわからない、うまく像を結べない。ならば、私の助言に従って見てご覧なさい。そう言っているかのごとくです。

⚜「世界」に像を与える

しかし、「民法の世界」は目を上げれば当然に見えるものではありません。そう簡単には像を結ばない。実はこのことは、自分は目を上げて世界を見ている、と考えている人々にとっても同じことです。民法学者や実務法律家は「民法の世界」を知っていると自認していますが、改めてその像を描こうとすると、途方に暮れることが少なくありません。

民法学者ならば「民法の世界」を描き出せるはずだ、というのは自明のことではありません。おそらくは小粥さんにとっても事情は同じだろうと思います。この本を書くために小粥さんは、ご自身にとっても必ずしもはっきりとはしない部分を（暫定的に、かつ、可能な限りで）はっきりさせるべく、相当の準備をされたことと思います。

民法学者が教育の場面で行うべきことは、このようなことではないか。『民法の世界』には、こうした強い主張が感じられます。

⚜最初の試み――『もうひとつの基本民法』

小粥さんが『法学教室』で「演習」欄を担当していたのは二〇〇四年から二〇〇六年までですが、私自身は同じく『法学教室』に二〇〇二年から二〇〇六年までの間、途中に休載期間を置きながら「もうひとつの基本民法」を連載しておりました（同題で二分冊にして、二〇〇五年・二〇〇七年に刊行。前出九五頁）。この連載は、もともとは私の教科書『基本民法』シリーズ（前出二〇頁）を補完するものとして始めたものですが、連載が進むに従って若干トーンが変わっています（これは『基本民法』にも言えることです）。

連載開始時には「好きなところや大事だと思うところをもう少し掘り下げて」「特殊問題を通じて、基本の理解を深め、さらに、批判的な再検討を促す」ことを目標にしていました。これは小粥さんの『民法の世界』――さらに教科書以外の学習書一般――とも共通する目標だろうと思います。著者の個性はどのような問題をいかに取り上げるかに現れてきますが、私自身について言えば、連載が進むにつれて「法の背後にある社会情勢にこれまで以上に関心を持ってほしい」という点に重点が移っていったように思います。

いずれにせよ、この連載はあくまでも『基本民法』の補完物として構想されていました。二〇〇六年に連載を終えた時には、これで一〇年がかりの教科書執筆もようやく一段落したと安堵したのを覚えています。

❖新たな試み――『不法行為判例に学ぶ』

ところが『法学教室』の編集委員になったこともあり、二〇〇九年から二〇一一年までの間、再度、同誌に連載をすることになりました。結果として、二〇〇二年から二〇一一年までの一〇年間、私は学習雑誌の連載にもかなりの時間を費やしたことになります。その意味で、これらの連載を通じての教育活動は、教科書執筆とあわせて、二〇〇〇年代における私の活動の中心の一つであったと言えます。

二度目の連載にあたっては、「判例」を素材としてほしい、ということでしたので、しばらく前から考えており、大学（法学部）ではそのテーマで演習も行っていた不法行為判例を取り上げることにしました。そしてこの時には、「社会と法の接点」(連載のサブ・タイトル)という観点を前面に打ち出し、両者の関係を「不法行為判例に学ぶ」(連載のメイン・タイトル)ことを目標とすることとしました(同題で二〇一一年に刊行〔大村⑤〕)。

読者に対して「判例」を提示する場合に、何を伝えるべきなのか。連載にあたって私が考えたのは、結果として現れる規範ではなく、規範の生成の過程に注目して判例を見るということ、言い換えれば、判例を通じて法の生成のプロセスを学ぶこと、さらに言えば、不法行為判例を通じて二〇世紀の変化を辿るとともに、現代日本の直面している問題を知るということでした。こうした観点を示すために、連載の表題も「不法行為判例を学ぶ」ではなく「不法行為判例に学ぶ」としました。

もちろん、前著『もうひとつの基本民法』においても、判例を素材とした部分は少なくないのですが、素材を判例に統一し、かつ、領域を不法行為法に絞った『不法行為判例に学ぶ』は、民法教育における私の関心の所在をより明確に示すとともに、二〇〇〇年代を通じて私が勉強したことの成果の一端を示すものとなったと思っています。

⚜「人の法」という問題

順序が逆になりますが、二〇〇〇年代を通じて私が多少とも研究を進めたのは、「人の法」にかかわる問題でした。ご存じのようにこの問題は、広中俊雄先生の問題提起に端を発します。一九九九年の成年後見制度の改正の際に、広中先生は、この改正によって旧民法人事編=「人の法」への回帰が生じつつある、との指摘をされました（「成年後見制度の改革と民法の体系」ジュリスト一一八四号・一一八五号〔二〇〇〇〕）。その趣旨は概略次のようなものであったと思います。

一八九〇年に制定された旧民法[*1]はフランス式の編成をとっており、人事編・財産編・財産取得編・債権担保編・証拠編の五編からなっていましたが、このうちの「人事編」は、「私権の享有及び行使」（第一章）から始まり、「国民分限（国籍）」（第二章）がこれに続き、家族関係の一連の章（第三章―第一〇章）を経て、その後に「自治産」「禁治産」（第一一章・第一二章）、「戸主及び家族」（第一三章）、「住所」「失踪」（第一四章・第一五章）が並び、最後に「身分に関する証書」（第一六章）が置かれるという編成でした。

現行民法は、このうち家族関係の章を親族編として独立させ、その際に、「禁治産」の章を「行為能力」に関する規定と「後見」に関する規定とに分割し、前者は総則編に、後者は親族編に、それぞれ別々に配置しました。しかし、一九九九年の成年後見制度の改正によって、この制度が二カ所に分かれて配置されていることの不都合さ・不自然さが明らかになり、かつ、新法が家族以外の者も後見人になりうることに重点を置いた結果、後見の規定が親族編にある必然性が乏しくなりました。そうであれば、成年後見に関する規定を一つにまとめて、「人の法」を充実させるというのが、今後の方向ではないか。広中先生の議論はほぼこのようなものであったかと思います。

⚜「人の法」の内容

広中先生の指摘は、二つのレベルに分けて受け止めることができます。一つは、「人の法」を充実させるという実質レベルの話、もう一つは、「人の法」あるいは「人事編」「人格編」という独立の編を設けるという形式レベルの話です。

このうち第二点については後で改めて触れることにして、ここでは、第一点について少し考えてみましょう。一口に「人の法」といいますが、その中味は何であるのか、なかなかイメージしにくいところもあります。そこにはどのような規定が含まれるのだろうか。そう考えますと、次の三点が主要なものとして浮上します。

第一に、人格・人身に関する規定を設けることが考えられます。実は、旧民法にはそのような規定は置かれていない。旧民法の原型となったフランス民法典についても、かつては同様でしたが、一九七〇年に私生活の尊重、一九九四年に人身の尊重に関する規定が置かれるに至っています。現代において「人の法」を考えるならば、このような規定が不可欠となるでしょう。第二は、個人を同定する要素に関する規定を設けることです。具体的には、氏名・年齢・性別・住所に関する規定などを置く。旧民法では「身分に関する証書」の章がこれに関連しますが、現行の日本法の体系の下では、戸籍法にある規定の一部を民法に移すことが検討課題となります。性同一性障害者特例法なども、民法に統合する方がよいかもしれません。第三に、人の共同生活体を保護する規定を置くことも考えられるでしょう。たとえば、パクス（ＰＡＣＳ）のようなものがその例です。家族とは異なるやり方で共同生活をしようとする人々の法律関係は、家族法に置くことも契約法に置くことも考えられますが、「人の法」に置くというのも一案でしょう。

では、これらの諸規定を「人の法」に属するものとしてひとまとめに配置するとどうなるでしょうか。先ほどこれは形式レベルの話だと申し上げましたが、おそらくそれは、実質レベルにも影響を及ぼすことでしょう。「人の法」は散在する複数の問題に対して、一つの方向づけを与える枠組みですが、この枠組み（概念あるいは観念）を得たことによって発見された問題は、形式的にも一つにまとめられることによって、さらに新たな知見をもたらすことになるのではないかと思います。「理論」には、そうした発見機能が期待されます。

具体的にはどうなるかと言えば、従来の民法上の「人」の概念を変更することにつながっていくことが予想されます。あるいは、そうした動きを顕在化・活性化させると言った方がよいかもしれません。二〇〇〇年代を通じて、私が追い求めたのはそのような動きでした。

⚜ソシアビリテと民法

最初に私が意識したのは、人のソシアビリテ（社交性＝社会性）ということでした。ソシアビリテ（sociabilité）という言葉自体は、一九八〇年代にフランス史家の二宮宏之先生から教えていただいたのですが[*2]、一九九〇年代の終わりに再び二宮先生の著書を読んだのをきっかけに、ずっと忘れていたこの言葉を思い出しました。そして二〇〇〇年代の前半を通じて、私は次のように考えるに至りました。

人にはそれぞれ財産が帰属し、契約によってそれが交換される。こうした見方によれば、「人と人のつながり」は、財貨の移転を媒介する手段に過ぎません。しかし、人が財貨を交換するのはなぜか。それは人間としてよりよく生きていくためであろう。そして、よりよく生きるためには、単に財貨を交換するのではなく、他者との間に様々な関係を結ぶことが必要になる。それは生活のための手段として必要であるだけでなく、時には、そうした関係そのものが目的として求められる。人は人と関係を結ぶことを求める、社会的＝社交的（sociable）な存在なのである、というわけです。

人との関係としては、一方で家族関係が重要ですが、他方、家族ではない関係も無視することはできません。取引関係ももちろん非家族的な関係の一形態ですが、そのほかに、無償の行為や非営利団体の成立、あるいは契約による共同生活体など様々なものが考えられます。この点は、私が『フランスの社交と法』（前出七六頁）で強調した点です。

それだけではありません。様々な非営利団体が市民社会の担い手になっていることからもわかるように、小さな社交体は大きな市民社会を創り出すのです。そう考えるならば、ソシアブルな人間がシヴィルな人間（市民）である、ということになります。結社への権利（droit à association）は、そのような人間のあり方に根差すものとしてとらえられることになります。

⚜マイノリティと民法

では、現代において非営利団体が活躍している（市民社会を創出しようとしている）のは、どのような領域か。私は、二度の留学体験、特に二度目の留学体験を基礎に、外国人を支える団体に関心を寄せました。さらに、子ども・女性・障害者・性的少数者などを支える団体も含めて、二〇〇〇年代の半ばには、「マイノリティと民法」という問題を意識するようになりました。これは、外国人の権利・参政権、子どもの権利・児童虐待問題、男女平等参画・性転換＝同性愛といった現代的な問題群を論ずるための「場（空間）」を民法の中に確保しようという企てであるとともに、民法上の「人」の概念を再考しようという試みでもありました。

これまで民法上の「人」は、主として「権利義務の帰属点」としてとらえられてきました。物権・債権そのほかの権利が、誰に帰属するのか、また、帰属した権利を変動させられるのは誰か。前者は権利能力の問題ですが、権利能力平等は近代法の大原則であるとされ、民法の下ではすべての「人」が等しく権利能力を有するとされてきた。後者は行為能力の問題ですが、これについては自己決定＝自己責任が原則であり、行為能力の制限は例外的な状況であると考えられてきた。つまり、民法の想定する「人」とは、「成年」に達しているという条件を除けば、基本的にはすべての属性（年齢・性別・国籍・人種・宗教・資産状況・判断力など）を捨象された「普遍的（抽象的）」な存在であったわけです。

「人」が「権利義務の帰属点」に過ぎないならば、それでよいでしょう。しかし、実際の「人」は人格・人身を持っているし、様々な異なる属性を帯びています。普遍的で抽象的で形式的に平等な「人」という考え方は、実際には、様々な点で社会的に劣位にある（劣った存在と見られている）「人」の「人間としての尊厳」を損なうことがある。それゆえ、「労働者」や「消費者」の権利、「女性」や「子ども」の権利、「外国人」や「障害者」の権利などが主張されます。現代の民法においては、マイノリティの側からのこうした社会的承認の要求を正面から受け止めることができるような、新たな「人」のイメージ＝人間像が必要ではないか。個々の人間はマイノリティに属する人間である。そのような人間のあり方を包摂するものとして、民法をとらえ直すべきではないか。私は、「マイノリティと民法」（早稲田大学比較法研究所編『比較と歴史のなかの日本法学』〔早稲田大学比較法研究所、二〇〇八〕所収）などの論文でそのような考え方を提示してみました。

⚜『民法判例と時代思潮』など

ここで教育上の関心に戻りましょう。法科大学院が始まった二〇〇四年に私が担当した授業は債権各論でしたが、この時には不法行為に関する授業の基本部分をほぼ「大阪アルカリ事件」（大審院大正五年一二月二二日判決・民録二二輯二四七四頁）だけを使いながら進めました。そこで『不法行為判例に学ぶ』においても、まず「大阪アルカリ事件」を最初に掲げて、この事件からできるだけのものを引き出したいと考えました。そのために、判決の法律論をやや詳しく検討するだけでなく、事件の背景事情にもある程度まで踏み込むことにしました。また、「大阪アルカリ事件」に続いて取り上げた古典的な四件の事件に関しても、同様のアプローチを採りました。

その際に念頭に置いていたのは、川井健先生の『民法判例と時代思潮』（日本評論社、一九八一）でした。ただ、川井先生の場合には、時代思潮の影響が判例に及んでいることを示す点に主眼があったかと思います。川井先生は「判例の法社会学的研究」とおっしゃっていたはずです。これに対して、私は、学生に対して、法規範の「生成」の相に着目することを促し、法と社会の「相互依存性」を意識してもらうように努めました。その背後には、判例を創り出すという主体的な姿勢を養いたいという気持ちと、判例をルールとしてのみならず、時代の中で現れる社会現象として見てもらいたいという気持ちがあったように思います。

❖一九七〇年代までの不法行為判例

二〇世紀の日本における不法行為判例の発展期は、一九一〇－二〇年代と一九六〇－七〇年代だったと思います。前の時期の判決として、「大阪アルカリ事件」のほかに「信玄公旗掛松事件」「雲右衛門事件」「婚姻予約有効判決」を、後の時期の判決として「四日市ぜんそく事件」を取り上げましたが、これらの事件を通じて、現在の教科書に書かれている不法行為法の標準理論が形成されたことを示し、判例理論の歴史性に注意を促しました。また、「大阪アルカリ事件」と「四日市ぜんそく事件」の連続面・不連続面の双方を示すようにしました。

特に、損害賠償の対象が、一九一〇－二〇年代には物的損害（農産物や樹木の枯死）であったのに対して、一九六〇－七〇年代には人身損害（生命・健康上の被害）になったという点を、改めて強調しました。「人の法」という観点から不法行為法の展開を辿るときには、これは重要なことだと思います。

なお、個別の判決の理解にあたっては、細かなところで私なりの考え方を示しています。しかし、それらは新しい解釈論を主張するものではありません。そのため、『不法行為判例に学ぶ』が引用されることはほとんどありません。これはおそらく、小粥さんの『民法の世界』についても、あてはまることではないかと思います。民法学者の中には、教育的な著作の中でも解釈論を提示しようという人もいますが、私はそれとは違うところに重点を置いていますし、小粥さんも同様だろうと思っております。

⚜一九八〇年代以降の不法行為判例

一九八〇年代の終わりになると、不法行為法の領域には、それまでとは異なる一群の裁判例が出現します。それらは一言で言えば、人格権・人格的利益に関するものであったと言えます。それらのいくつかは下級審のものですが、『不法行為判例に学ぶ』の後半では、最高裁判決だけでなく下級審判決も取り上げました。また、同時代の判決につき、社会と法の接点を明らかにするのはなかなか難しいことですが、私は、マス・メディアによる受容のされ方に着目してみました。末弘厳太郎は、判例のほかに新聞を研究材料にすることを提言していましたが、判例研究は隆盛を極めたものの新聞を使った研究はあまり行われていません。私は時に新聞記事を教科書等に引用しますが、これも川井先生の『欠陥商品と企業責任』（日本経済新聞社、一九八〇）という新書の影響によるところ大です。

『不法行為判例に学ぶ』の後半の現代編で私が取り上げた一二件の裁判例の中には、外国人や障害者の差別的な取扱いをなくそうとするもの、宗教的な少数者（キリスト教徒）や民族的な少数者（在日韓国人）の人格的利益を保護するもの、あるいは、医療現場（輸血や手術に関する）や労働現場（セクシュアル・ハラスメントに関する）における自己決定の利益を尊重するものなどが含まれています。

これらの裁判例では、一方では、「人」の「差異」に関して違いを捨象すべき（均一的に扱うべき）場合と違いを尊重すべき（個別的に扱うべき）場合とがあることが示されていたように思います。他方で、「人」との関係には「権力性」が伴うことが発見され、権力を持つ側の濫用を禁止し、必要な配慮をなすべき義務が課されたと見ることができます。また、これまでは「人格権」とは認められてこなかった利益が、場合によって（当事者間のコミュケーションのプロセスに応じて）保護の対象となることも明らかになりました。

このように現代の不法行為法は、人の属性を選択的に考慮すべきこと、他者に対する権力の行使に敏感であるべきこと、他者の要請に適切に応ずべきことなどを求めているように見えます。あえて単純化すれば、選択性は「コミニュケーションの失敗（過誤）」、権力性は「コミュニケーションの濫用（過剰）」、応答性は「コミュケーションの欠如（過小）」と位置づけられるかもしれません。そうだとすれば、不法行為法を通じて、新たな（コミュニカティヴな）人間像を胚胎しつつあるということにもなるでしょう。

⚜財産から人身を経て人格へ

さて、以上のような判例の変遷は、まず第一に、不法行為法の保護法益が「財産」から「人身」を経て「人格」へとシフトしつつあることを示しています。もちろん、今日においても「財産」や「人身」に対する侵害は様々な形で生じています。ただ、不法行為判例の新たな展開が見られる部分は、確実に変化していきます。

その結果として、（人格的利益を含む広い意味での）「人格権」の内容は、従来に比べて格段に豊かなものとなりつつある。特に、今日では、人格権は単なる侵害禁止（消極的な義務づけ）にとどまらず、ある種の配慮（積極的な義務づけ）を求めうるものに広がって来ています。その背後には、個人を独立した者としてとらえるのではなく、関係の中にある者としてとらえる、という視点の転換も認められます。先に「コミュニカティヴな人間」と呼んだのは、そのような者のことです。

人間像のレベルではなく社会構造のレベルで考えるならば、四大公害訴訟は、経済成長がもたらす構造的被害者が「異議申立て」を行うものであったのに対して、現代型の不法行為訴訟は、多様なマイノリティが「承認」を求めるものだと言えます。この差をどう理解するかは、二〇世紀型の社会と二一世紀型の社会の異同をどう理解するかということに繋がるように思います。

⚜物の法から人の法へ

人格権・人格的利益の充実は、民法における「人格法」（さらにはこれを含む「人の法」）のウエイトを高めます。その先に現れるのは、民法の基本原理の転換の可能性です。これまで民法の中心にあったのは「物（財産）の法」――「財貨帰属の法」としての所有権法と「財貨交換の法」としての契約法――でした。「法人格」という言葉が用いられることはありましたが、それは財貨の帰属・交換を可能にするための理論的な前提（「権利義務の帰属点」）としてに過ぎなかった。

しかし、「人格法」の発展は、民法が「生きた人間」の法、「よりよく生きようとする人間」の法であることを、次第に明らかにしつつあるのではないか。このように考えるならば、「所有権」（propriété）はよりよい「生」のために必要不可欠（propre）なものとして、契約もまた同じ目的のために、人と人との間に相互依存としての債権債務関係（obligations）を生み出すものとして、位置づけ直されることになるでしょう。

先ほど留保した広中先生の第二の問題について言えば、こうした転換を象徴的に示すには、民法典の冒頭に置かれる編として「人格法」あるいは「人の法」を位置づけることが有益だろうと思います。

⚜判例にいかに学ぶか

以上のような形での判例学習は、規範として抽出された判例を学習する、あるいは、判例規範の抽出の仕方を学習する、というのとはずいぶん違います。繰り返しになりますが、判例を「存在」の相ではなく「生成」の相でとらえる。もっと言えば、判例を単に受容するのではなく、自ら創出していく。そうした法律家の育成こそが民法学の任務であるというのが、最近の私の問題意識です。

考えてみれば、しばらく前までの日本民法学はこのような教育をしていました。社会学主義と呼ばれたその特徴も、このような課題に応えるために求められたものでした。アメリカのロースクールで教えられるdistinguish のテクニックもまた、創造の領分を見出すためのものではないでしょうか。そして、この創造を補完するために、Law & Economics に代表される法の分析手法が動員される。

⚜「法」から見た「社会」

もっとも、『不法行為判例に学ぶ』では、裁判というミクロ・コスモスには回収しきれない背景も書き込まれています。それは、法を通じて見た日本社会論の試みでもあるからです。同様の作業は以前に『生活民法入門』（前出七六頁）でも試みましたが、その時には、社会の変化と法の応答の関係をごく表面的に描くにとどまりました。これに対して、『不法行為判例に学ぶ』では、裁判と社会とを繋ぐ回路を何とか探り出そうとしています。繰り返しになりますが、そこには目立った解釈論的な知見は含まれていません。他方で、日本社会に関するそれなりの知見が散見されるはずです。

社会は裁判にどのように依存しているのか。あるいは、裁判という装置を介在させることによって、私たちは社会の仕組みのある側面に光を当てることができるのではないか。もしそうだとすれば、民法学は、法律家だけでなく一般市民にとっても意味のある社会認識の学であるということになります。我妻栄が『戦後日本小史』（前出九七頁）から出発して『法学概論』（前出九七頁）で目指そうとしたのは、このような法学であったのではないでしょうか。ただ、我妻の場合には立法中心で、裁判への言及は多くはないのですが。

⚜将来のために遺産目録を作る

この往復書簡も終わりに近づいてきました。最後に話題にするのは、まだ私たちがその途上にいる二〇一〇年代、つまり、現在、そして未来ということになります。私たちは、民法学者として二〇年前後のキャリアを重ねてきたわけですが、いまや、過去をトータルに振り返る必要に迫られているのではないかと思います。そこには二つの理由がありそうです。

第一に、私たち二人の民法学は二〇年を経て、それぞれに新しい段階に進もうとしているようです。そのためには、自らの歩みを日本民法学のよき伝統の中に位置づけることが必要になっている。第二に、私たちは、この二〇年がその前の時代とは異なることに気づきつつあるとともに、どうやら一つの時代の出口に達しつつあると感じているようです。だからこそ、よき伝統に帰ることが革新に繋がりうる。

まず、小粥さんがそう感じた。そして、私もそう感じました。小粥さんの『日本の民法学』（小粥⑥）に続いて、私の『穂積重遠』（大村⑥）が出たのは、単なる偶然ではないだろうと思うのです。このあと、私たちはそれぞれに将来の展望を示すことになるはずです。この往復書簡は、そのためのステップでもあります。

そこで次便では、『日本の民法学』の趣旨をご説明いただきながら、小粥さんが作られた（司法制度改革以前の）日本民法学の遺産目録を示していただければと思います。その後で私の方からは、『穂積重遠』に拠る日本民法学像を示し、さらに、これまでに直接には言及しなかったいくつかの著書を引き合いに出しながら、いまの段階で抱いている（私の）民法学の将来構想を素描してみようと思います。

大村敦志

＊1　旧民法　一八九〇年に公布された最初の民法典。法典論争の後、一八九二年の法律によって施行延期。現行民法典の制定とともに廃止。

＊2　のちに、『結びあうかたち――ソシアビリテ論の射程』（山川出版社、一九九五）が公刊された。

別便2-1

法領域を超える

専門分野と民法

民法学者も、おそらく他の領域の学者と同様に、民法というワクの内部に、専門分野を持っていることが普通です。研究者個人としては、労力が限られている以上、何もかもはできないので、研究対象を絞って集中的に労力を投じて研究の付加価値を高める、個々の研究成果は民法学の一部にすぎないが、それぞれが他の研究者と担当分野を分担・協力しつつ、民法学者は集団として、学界・社会に貢献する、ということでしょう。そうした行動には、十分に理由があると思います。

民法学者の専門は、さまざまな切り口に存在します。財産法・家族法、総則・物権・債権、債権の中でも契約法・不法行為法、あるいは債権者代位権か保証か、など。これらが、いわば研究対象分野による専門区分だとすれば、理論専門か実践（具体的な解釈・立法提案）専門か、というような切り口もありそうです。一般的なのは研究対象で区切る専門でしょうか。

そうした分野によって仕切られた専門領域を持ち、講義は民法のワク内で専門よりは少し広い分野を担当する、というのが、民法学者の一つの典型的な姿ではないかと思っています。

しかし、とりわけ解釈論・立法論にコミットするなら、特定の狭い領域に閉じこもる法律家は、あくまで一般論ですが、説得力のある立論をするのが難しくなるような気がします。少なくとも現在の解釈論の慣行は、実定法体系全体の中に置いてみた場合のある種のバランスを欠く解釈論に大きな説得力を認めない傾向があるように思われまして、そうだとすれば、極力、実定法体系全体に目配りが利いている方が、効果的な仕事ができることになるからです。誤解されそうですが、研究を進め、深めるには、研究者が専門領域を持つことが重要だと思います。深く井戸を掘るからこそみえることがあります。法律家であっても、研究することに慣れていない人は、時間や執筆スペースが与えられたとしても、その著作において、深く井戸を掘ることができず、総花的なものになりがちという傾向があるように思います。それは、思考としては、深くなりにくいです。しかし、民法学者が、過度に特定の専門領域だけに固執することには問題があるのではないか、というのが私の考えです。たとえば、専門分野の研究は、論文・著書の形で、学界・社会に還元しつつ、他の領域についても研究・教育をする、場合によっては江戸時代の大名のお国替えのように専門分野を替えたり、複数の専門を持つなどということがあってよいのではないか、ということです。

もっとも、実際の民法学者の専門は、それほど固定的なものではないような気もしますので、現状を過度に悲観する必要もないのかもしれませんし、卓越した能力を持つ研究者に、自由な研究の制約になるような提案をするのは本意ではありません。トップレベルの民法学者には、自由に研究をしていただくのが一番だと思います。

研究成果が出ない人、奇天烈な成果ばかりが出る人が混ざり込んでいても、たくさんいても、みなさんに、自由に研究していただくのがよい、というのが基本です。とはいえ、民法学者の数は、日本中で一〇〇〇人くらいにはなりそうなのです（日本私法学会の会員数が二〇〇〇人以上はありそうでして、そのうち半分は民法学者だろう、という推理です）。民法という、法学の中でも、一つの分野について、仮に一〇〇〇人も学者がいるとすれば、それは結構な数です。しかも、日本には、ヨーロッパ大陸の国々のようなしっかりとした教授資格試験がありません。かといって、アメリカに比べれば、終身の教授職を得るための競争は少ないように思います（日本では、肩書が専任講師であれ准教授であれ、最初の就職の段階で終身雇用資格を得ることが多いと思います）。何がいいたいかというと、学者・教師の品質保証システムないし選抜システムが、日本の場合、少し弱いように感じるのです。そのことを頭に入れて、民法学者の専門、ひいては民法学のあり方についても、考えなければいけないような気がいたします。

このこととの関係では、法律書の編集にも、問題が感じられないではありません。大きな注釈書や教科書・体系書、あるいは教材になりますと、民法学者・教師が分担執筆をすることになります。その執筆分担は、非常にしばしば、執筆予定者がどの領域を専門にしているかによって決まっているようにみえます。その結果、単純化していうなら、ある特定の分野の執筆者が、A社の注釈書についても、B社の教科書についても、C社の判例教材についても、いつもX教授である、というようなことが起きます。当該分野を専門とするX教授であればこそ、信頼できる内容の原稿執筆が可能であり、また、すでに通暁している分野であるがゆえに、原稿完成までの時間も短くて済みます。しかし、X教授は、当該分野について著書論文で既にその見解を明らかにしているので、同教授の執筆内容は、同業者からすれば、かなりの程度において、予測可能です。限られた法律メディアのスペースが、同じ著者によって、しかもしばしば同一の記述によって占領されてしまうのは、良いこととは思えません。むしろ、X教授の専門分野であっても、ときには、Y教授が、X教授の業績を客観的に紹介・批評し、さらに別の観点からの記述を加える叙述が必要であるように思うのです。

民法とその外

研究上の専門分野に過度に固執すべきでないという問題とは別に、民法学者・教師が、民法というワクにどれだけ拘束されるべきかという問題があります。

私の考えは、民法典であるとか、実質的意味での民法にとらわれず、解釈論にせよ立法論にせよ、取り組んでいる問題を解決するために必要な分野の法については、行政法であれ民事手続法であれ、勉強し、踏み込んでいくべきだというものです。とくに、法科大学院出身、実務出身の研究者には、そうした研究が期待できるのではないかと思っています。

しかし、このことは、民法学者という看板自体を否定すべきだ、ということを意味するわけではありません。

もともと、民法というのは、市民社会に関する基本的な法をカバーしていたはずのものです。それが、社会生活が複雑化・高度化するに伴い、伝統的な民法ではカバーできない問題が続々と登場し、労働法などをはじめ、さまざまな特別法が制定され、また、さまざまな分野の法技術を組み合わせなければ解決できない問題が増加したのだろうと思います。念頭に置いているのは、たとえば、学校でのいじめ、職場の過労死、ハラスメント、子育て支援、介護などです。しかし、これらの問題は、伝統的な意味での民法のワクを越えるとはいえ、市民の日常生活に関する法律問題であって、民法という言葉本来の意味によってカバーされるべき問題領域であるように思うのです。法律家が、民法という看板を専門分野として掲げるのであれば、分野としての民法の議論に通暁しているだけでなく、市民の日常生活にかかわる法律問題に、少なくともある程度は、智恵と関心を持っているべきで、そうだとすれば、民法学者が勉強しておくべきことが、民法典に限られるとか、講学上の民法の分野に限られる、ということにもならないように思うのです。

こういうことを申しますと、伝統的な意味での専業の民法学者を否定するのか、という反応も予想されます。実際、実務に携わる法律家は、実定法全分野に通じており（そのフリをしている?）、それによって実務も回っている。あらためて、特定の専門分野に固執する学者なる人種は必要ない、ということです。しかし、私自身は、専門を持たない法律家よりは、民法、あるいは実際はその中のもっと狭い特定の分野を、深く掘り下げた経験を持つ民法学者の方に親近感を覚えますし、専門分野を掘り下げる研究は、依然として重要だと考えています。

小粥太郎

別便2-2

実務を踏まえる

実務とは？（その1）

実務というのは、民法学との関係では、裁判官・弁護士の活動、とりわけ裁判という形での紛争解決に向けられた法律家の取組みが念頭に置かれることが多いのだろうと思っています。もう少し広げて、訴訟外で、弁護士による契約書作成業務であるとか、裁判官・弁護士以外の企業法務に携わる人々による業務が念頭に置かれることもあるでしょう。「実務とは〇〇である。」、という形で定義をすることは難しいのですが、民法学との関係での実務というものが、法律専門家、具体的には、裁判官や弁護士など狭義の法律家、さらに、企業法務部スタッフ、裁判所の職員や省庁等の公務員、司法書士など、職業として民法を使う人々によって行われている活動を想定しているということは、共通了解になっているように感じます。つまり、私たちは、一市民として、日々の生活用品を購入したり、婚姻や離婚などということも経験するわけで、これらが民法の実践であることは間違いありません。しかし、職業人としてではなく当事者として、日用品を購入したり婚姻することを、民法の実務とは言ってこなかっただろうということです。

実務を踏まえるべき場合

さて、民法学の営みとして、解釈論、とりわけ、特定の紛争類型についての問題解決提案であるとか、特定の条文の意味内容の提示といったものを想定しますと、こうした仕事に際しては、当然に実務を踏まえるべきことになりそうです。たとえば、目前の訴訟に勝つための解釈論であれば、現在の訴訟実務・先例などを前提として、極力それらを動かさないままで、動かしやすいところだけを動かして勝訴できるような提案をしなければ、目的を達することは難しい。目前の訴訟でなくても、短期間のうちに裁判によって実現したい解釈提案をする場合には、動かせるところを動かし、動かしにくいところはそおっとしておくというような戦術が必要で、そのためには実務を理解していなければならないことはいうまでもありません。

実務を踏まえるべきでない場合?

しかし、民法学の営みとしては、短期的な解釈提案の実現だけではなくて、長期的視野に立った解釈提案や制度改革提案などもあるわけです。たとえば、人格権に関する解釈論の中にはそうした性格のものがありますし、長い目で遺産分割手続のあり方を変えていこうという提案などもあります。こうした民法学の営みは、現在の実務を否定しようとするものが少なくありません。しかし、実務をふまえないでその否定にばかり躍起になる夢物語は、そもそも問題の所在すら正確に把握できないおそれがあります。当然のことではありますが、現在の実務を否定しようとする民法学の営みも、実務の理解を離れて行われる場合には、不毛なものとなってしまいます。

実務との蜜月

いずれにせよ、実務を理解することはとても重要だと思いますし、法科大学院教育における理論と実務の協働であるとか、頻繁に行われる立法活動の中で民法学者が立法実務に関与する機会が増加することなどを通じて、民法学における実務への関心と理解は、近年、とみに高まっている――要件事実論の浸透はその代表例だろうと思います――とみられますので、良いことづくめのようにも思います。しかし、民法学が実務に寄り添いすぎではないかという懸念もあります。これは、民法学というよりは民法教師として、法科大学院での民法の試験答案をながめているうちに出てきた感想のようなものですが、最近の民法学の雰囲気の反映であるように思わないでもありません。どういうことかと申しますと、要するに、実務、とりわけ判例を重視する、重視しすぎる、ということです。

もちろん、事件に直面した裁判官や弁護士は、当該事件に関係する判例があれば精査して、判例の規範を適用できそうな事案であればそれを適用して問題を解決する、などということになるでしょう。それが実務なのかもしれないと想像します。

しかし、試験問題に向き合う学生には、普通は、六法が与えられているだけで、判例集や判例要旨付き六法が与えられているわけではありません。それにもかかわらず、学生は、基本原理や民法の条文から問題を解決することを求められるだけでなく、重要な判例についてはその内容を記憶した上で、そのルールをあたかも条文のように用いて問題を解決してみせることが、過度に要求されているように思われることがあります。判例を持ち出すことは、判例を度外視して、頭の中だけでひねり出したような問題解決提案を戒める意味では、とても意味があることです。しかし、問題に向き合った学生に対して、ほぼ自動的に特定の判例を思い出すことを求める問題も少なくないように思います。そうした問題に対する解答を繰り返しているうちに、法律家の卵は、判例を、なぜ判例がそのような解決策をとったのか、その理由も考えることなく、あたかも条文のようなものとして取り扱う傾向を身につけてしまうのではないかと心配します（条文についても、なぜそのような立法政策がとられているのかを理解することが必要であるにもかかわらず、所与としてしまう傾向が強まってきていると思います）。とはいえ、試験場の学生は、試験で良い成績を取るために合理的な行動をしているだけのことですから、心配には及ばないのかもしれません。むしろ深刻なのは、条文と判例の表面をなぞるような授業を行い、そうした教材を作ってしまう教師の方でしょう。自分自身のこの一〇年間の授業を振り返っても、少し実務に寄り添いすぎたかもしれないと思うことがたくさんあります。単に情報を伝達するだけのような授業もしたような気がします。実務をできるだけ理解することに努力しつつ、目的——目前の勝訴か、数年先の解釈・立法論か、数十年先の立法論か、など——に応じて、実務との間に適切な距離を確保しなければいけないと反省しています。

実務とは？（その2）

ここまで、民法が裁判という形で現実化する局面を念頭に置いて、実務をイメージしてきました。判例もそうした実務の一部という位置づけです。もちろん、その周辺には、執行実務もありますし、訴訟の前段階の実務もありますが、基本的には、裁判実務が中心です。

これに対して、法実務とはいいにくいのですが、医療訴訟を通じて法の世界に見えてくる医療実務、金融関係事件の訴訟を通じて法の世界に見えてくる金融実務、建築紛争を通じて法の世界に見えてくる建築実務などのことも考えておく必要があると思います。これらの実務は、しばしば民法解釈の問題と結びついて私たちの前に現れます。このような、いわば、法の世界とは別の世界の実務と法律家がどう向き合うべきかは、これまた難問です。たとえば医療実務については、ときおり、医療関係の裁判のニュースに接した医師たちから、裁判官は医療のことを全くわかっていないのではないか、などという心配というか批判を聞くことがあります。法律家が医療の実務を理解することが難しい、ということなのだと思います。裁判官が医療実務とどのように向き合うべきかは、裁判官固有の課題がありますのでひとまず措いておくとして、民法学がどう向き合うべきかといえば、やはり、裁判実務に対するのと同じように、医療実務の内在的理解に努めるほかないでしょう。その上で医療実務の改善提案なり批判をしてゆくのでなければ、あたかも判例を度外視した解釈論と似たような、空中楼閣を作るだけの医事法学にならざるをえません。

私は、民法学の分業体制として、法分野毎の専門——たとえば物権法の専門／債権法の専門というような仕切り——を設けることについては懐疑的なところがあるのですが、医療、金融、建築などについては、法の世界と異なる世界の理解を獲得しなければならず、すべてに通暁すべきだとすることは非現実的であると考えています。つまり、民法学者も、当該世界の法（医事法、金融法、建築法など）のプレイヤーとして活動しようとするのであれば、特定の限定された分野を専門とせざるを得なくなるように思います。その人が、当該世界と法の世界を媒介する通訳としても重要な存在になるはずです。もっとも、今日の不法行為法の一般論は、医事法判例の影響によって形成されているところが少なくないように思われますから、医事法の少なくとも一部は、すべての民法学者が取り組むべきなのかもしれません。

不動産登記や戸籍についても、民法とは少し離れた法律の下で独自の実務が形成されていますが、これらの実務も、物権法・親族法・相続法等とは不可分ですから、医事法以上に、すべての民法学者が理解すべきなのかもしれません。要するに、民法学者が踏まえるべき実務として、裁判実務以外にもあれこれの実務があるのではないか、ということです。

実務とは？（その3）

ここまで話題にしてきた実務は、裁判実務にせよ、医療、金融、建築の実務にせよ、職業的なものでした。冒頭で、私たちが日用品を購入したり、結婚したりすることを、民法の実務とは言ってこなかっただろうと書かせていただきましたが、実務の範囲を裁判の外まで広げたとしても、実務はやはり職業的であるように思います。

しかし、民法学が、もっぱらこうした意味での実務に働きかける、実務の役に立つことだけを目的にしているかといえば、決してそうではありません。実務に働きかける、実務の役に立つ民法学とは異なる民法学のあり方をクリアに示すのが大村さんの民法学だろうと思っています。今回の往復書簡の中で、大村さんの民法学研究と法教育との不可分的なつながりが示されましたが（別便〔1-2〕）、これは、民法学の受信者として、狭義の法律家、法学部生、法科大学院生だけでなく、法学専攻でない学生、中等教育課程にある生徒、さらに市民一般を、意識的に想定するものとして、重要な態度表明だとみております。もちろん、この態度は、それこそ、穂積重遠先生、我妻栄先生、星野英一先生などにみられたもので、日本民法学の伝統ともなっています。しかし、啓蒙にとどまらず、自らの民法学の営みとして、市民一般を対象に発信を行うというのは、ここまで話題にしてきたような実務とは直接関係を持たない民法学として、際だった性格を帯びるように思います。

もちろん大村民法学も、解釈論・立法論を提示して実務に働きかけようとすることは少なくありません。しかし、再三繰り返しているとおり、私は、大村民法学の実務的な解釈論・立法論へのコミットの程度は低いとみておりまして、それは、大村民法学が想定している受信者が、狭義の法律家というよりは、市民一般に近づいているところです。大村民法学は、実務を踏まえるというようなことと裏腹なのではないかなどと想像しています。大村民法学は、実務を踏まえるというよりは、実務と異なる領域で花開く、ということになりそうに思います。

こうした法学のあり方は、大村民法学に限られるものではありません。私が相似物として思い浮かべるのはある種の憲法学です。憲法学の中でもいわゆる憲法訴訟論は、狭義の法律家を受信者と想定するものであり、裁判実務を想定して行われる民法学の営みと似たような存在であるように思います。ところが、たとえば、樋口陽一先生の近著[*1]『加藤周一と丸山眞男——日本近代の〈知〉と〈個人〉』（平凡社、二〇一四）。この本は、憲法学の領域に属する著作であると考えますが、一方で、法学が「知的活動のさまざまな領域での議論と没交渉であり続けるわけにはゆかぬ」（一七九頁）として、法学徒の視線を他分野に向けさせるとともに、他方で、人文・社会諸科学各分野の視線を法学に向けさせ、関心を刺激することを目論む著作です。より広く、読書する人一般を受信者として想定しているといってもよいでしょう。この本が、一定の法実践を提案しているとみるにしても、そこで受信者として第一に想定されているのは、決して狭義の法律家ではありません。しかし、この本は、憲法学の営みだと思うのです。

石川健治編『学問／政治／憲法——連環と緊張』（岩波書店、二〇一四）も、樋口先生のお弟子さんたちによって作られた憲法学の著作でありながら、その中のいくつかの論考は、狭義の法律家や憲法学者ではなくて、やはり読書する人一般を受信者として想定しているように感じました。同書冒頭の石川健治論文（「究極の旅」）には、とりわけ印象的な件りがありました[*2]。この論文では、一九三四年の清宮四郎先生の論文（「違法の後法」）のテクスト、コンテクストの読解によって、集団的自衛権の行使容認に踏み切った二〇一四年七月一日の安倍内閣の閣議決定を解読できることが示唆されています。八〇年前の清宮先生の「考えぬかれた『机上の空論』こそが、目先の実益を追う解釈法学では及びもつかない問題解明力をもっていることを、それは教えてくれる。」（三三頁）というのです。清宮先生の「机上の空論」は、もともとは狭義の法律家ないし憲法学者に向けられたものだったのかもしれませんが、石川論文によって、この「机上の空論」が、読書する人一般に向けて改めて提示されたのだと思いました。そして、こうした「机上の空論」を含めた言論――私には難解です――がやりとりされる空間を維持・発展させることの価値に思いを至らされます。誠実な思考を尊ぶ空間が存在しなければ、清宮先生の「机上の空論」の「問題解明力」を語る意味など、無きに等しいことになってしまいます。法教育と結びついた大村民法学は、民法学がこうした価値に貢献することもできるのではないか、ということを示唆しているように思いました。

小粥太郎

＊1　樋口陽一（一九三四―）　憲法学者。東北大学・東京大学名誉教授。

＊2　清宮四郎（一八九八―一九八九）　憲法学者。東北大学名誉教授。

第3章　二〇一〇年代日本の民法学

――回顧と展望――

第10信　日本の民法学

大村敦志 さま

社会とのつながり

『不法行為判例に学ぶ』（大村⑤）は、判例の取り上げ方についての一つの挑戦だと思います。そこでは判例が、裁判官・弁護士の立場から、その職務遂行に直接有益な形で研究されるというのではなく、民法学が社会とのつながりをとりもどすツールとして用いられる形になっているようにみえます。「人の法」の試みも、さまざまな角度からの評価が可能だとは思うのですが、あらためて、民法学者が社会とつながろうとする試みという性質も帯びていると感じます。

社会とのつながりを「とりもどす」とか、「あらためて」つながる、という表現をしたのは、民法学の現状に関する一定のぼんやりした認識を前提にしています。平井宜雄先生の「議論」論などの影響か、あるいは、山本敬三さんの憲法を起点とした民法学方法論の影響か、はっきりとはわからないのですが、一九九〇年代以降、あるいはとくに二一世紀に入ってから、民法学における理論志向のようなものが強まっているのではないでしょうか。理論自体はよいのですが、たとえば、ベタな利益衡量を嫌う場合には、具体的な当事者の利害得失、さらに社会から距離を置くことになりがちですし、解釈論・立法論が規範の世界のものだということで割り切ると、立論が規範の世界だけで完結するものとして行われる傾向が出てきたりして、これもやはり、事実の世界というのでしょうか、社会から遊離する可能性を孕む手法になるのかもしれません。前便の大村さんの試みは、切れかけたかのようにも思われた民法学と社会との回路を、修復しようとするものであるように映るわけです。

『日本の民法学』（小粥⑥）という本の中では、法社会学的な民法学と呼びましたが、日本の民法学が、社会とつながる伝統を持っていた、というのが私の見立てです。民法学の揺りかご期を経て、大正時代、末弘厳太郎の『物権法』（有斐閣、一九二一―二二）や、東京大学の民事判例研究会がはじまった頃からとくに、日本の民法学は、日本社会の問題に向き合い、その解決に努め、同時に民法学の姿を変化させつづけていたように思います。大正から昭和にかけての民法学者の著作からは、小作、入会、借地借家、労働問題、身売りなど、日本社会が抱えるさまざまな問題が伝わってきます。第二次大戦後も、家族法改正によるイエ制度の廃止、均分相続制度の導入が、社会、とりわけ家族や農業にどのような影響を及ぼすのか、あるいは及ぼすべきか、民法学界の関心はきわめて高かったと思います。さらに、戦後の民法学における最重要のテーマは、借地借家法、不法行為法だったと思っておりまして、多くの民法学者が取り組んだわけですが、それらは、いずれも、戦後の厳しい住宅難、悲惨な公害と交通事故という、日本社会の重大な問題を背景にしている。こうした問題に正面から向き合うことで、民法学も、その存在理由を示そうとしてきたように思います。

民法学が、研究の対象を民法というワクに収めようとすると、なかなか、重要な社会問題に直面することが難しくなるように思います。その点で、不法行為法は、そこから社会問題が法の世界に流れ込んでくるような性格がありますので、民法学と社会とのつながりをつけるための重要な通路だといえそうです。『不法行為判例に学ぶ』以外でも、瀬川信久先生の不法行為法の研究（たとえば「民事法の変容と個人、組織、関係、専門家」法の科学二八号（一九九九））が、かねてから、民法学者が社会問題とつながるツールとして不法行為法ないし不法行為判例をみている性格の濃い研究だと思って拝見しております。しかし、不法行為法という通路に頼るばかりというのも限界があり（訴訟にならなければ問題を発見できません）、繰り返しになりますが、現代の民法学は、ときには、民法というワク内で自重せず、社会問題に直接対峙することも必要ではないか、と思うのです。

『日本の民法学』

私の『日本の民法学』の話題に入ります。書名が、羊頭狗肉も甚だしいのですが、少し説明をさせてください。この本は三部構成になっており、第一部は「法学者」、第二部は「著書」、第三部は「フランス」というタイトルになっています。全体に、書評のような文章ばかりですが、狭い意味での書評を集めたのが、第二部「著書」です。

『民法学の行方』（小粥③）以降も、私は、相変わらず、民法学者のなすべきことについて、思い悩んだまま、ロクな論文も書かないで暮らしておりました。しかし、その間にも、依頼を受けて「書評」を書く機会がありました。はじめて書いた書評は、加藤雅信先生の物権法体系書（『新民法大系Ⅱ 物権法』〔有斐閣、二〇〇三〕）についてのものだったのですが、書くのに大変に難儀をしまして、しかも、書評としてはずいぶんと風変わりな形になってしまい、「書斎の窓」誌上（五三一号〔二〇〇四〕）で活字にしていただいた当初は、大丈夫だったかどうか、かなり心配をしました。しかし、短い文章であったにもかかわらず、同世代の民法学者の方々から、予想外にも、年賀状の添書や、別件の電子メールの端っこなどに、短いけれども積極的なコメントをいただいて安堵し、さらに、加藤先生ご本人からも、たいへんご丁寧なお便りを頂戴し、少なくとも誤解などはなかったようであることを悟り、肩の力が抜けたという思い出がありました。この経験のせいか、その後は、図に乗りまして、いくつか、勝手なスタイルで書評を書き、また、鈴木禄弥先生の追悼論文集にも、鈴木先生の『物権法講義』（創文社、初版一九六四）の書評めいた論文のようなものを寄稿させていただき（「鈴木禄弥著『物権法講義』について」『民事法学への挑戦と新たな構築』〔創文社、二〇〇九〕所収）、さらに、書評を『日本の民法学』にまとめるときには、広中俊雄先生の『債権各論講義』（有斐閣、初版一九六一—六二）の書評のような文章を書き加えました。

解釈論・立法論の現場には、なかなか参戦する勇気が出ないのですが、研究者が執筆した本の書評のようなジャンルであれば、大学で民法を教え、民法学を研究する人間以外には取り組む人も少ないだろうから、民法学者・教師であろうとする自分にも、書く資格があるようにも思えまして、少なくとも主観的には、楽しく書くことができるような気がしておりました。

第三部「フランス」は、日本の民法学においてフランス法を素材に行われた研究をいくつか取り上げ、研究スタイルというか、法学観というようなところに注目して、批評を試みたものです。

問題は、第一部「法学者」だろうと思います。ここでは、世間の常識的な意味でいう民法学者だけでなく、刑法学者、憲法学者、訴訟法学者、商法学者、行政法学者などをとりあげています。もともとは、雑誌『法学セミナー』において、「法学入門――自由に考えるための作法」というタイトルで連載していたものでした。しかし、この連載も、法学者という観点から、それぞれの法学観を取り出し、それについて考える、いわば批評活動です。さらに、刑法、憲法、訴訟法、商法、行政法の研究者をとりあげているにもかかわらず、書名を『民法学』としたのは、言葉元来の意味での民法の問題に取り組むには、民法学者が、民法典中心に若干の特別法だけを研究対象にするとか、民民関係だけを扱うというような、伝統的な意味での民法のワクにとどまるべきではないという考えによるものでした。

そして、全体としては、「批評」というジャンルに、民法学の、というよりは、私自身の民法学研究の活路を見出せるのではないかと思って、『日本の民法学』という本にまとめてみたのです。

樋口陽一先生

この本については、樋口陽一先生が書評を書いてくださいました（法学セミナー六八二号（二〇一一））。一瞬にして、小さな私の本が射貫かれたというような書評です。私のたどたどしい思考の軌跡が、樋口先生の手によって、あたかも、最初からまっとうな思考が行われていたかのように、組み立てられる。自分が考えたことは、そういうことだったのか、というような感覚におそわれました。蟻川恒正さんによる『民法学の行方』の書評（前出八四頁）にも通じる感想です。

樋口先生は、まずは、「批評」ということに着目され、書評のタイトルも、「『批評の連鎖』を促す本」とされています。そして、「シビル」な社会を維持するためになる仕事と、自分のための法学、という緊張を取り出し、学者であり最高裁判事であった藤田宙靖先生をも呼び出しつつ、「ひとりの人間がその二つの営みの間の緊張の中で仕事をするときに、方法論的次元の関心が『批評の連鎖』をより豊かなものにするはず」とお書きになっています。唸るほかありませんでした。私は、常に、「シビル」な社会を維持するための仕事のことを意識しているのに、なかなか踏み込めない。そこから逃避して、「自分のための法学」をやっているようだけれども、それは、「仕事」の裏返しであり、「仕事」というものがあってはじめて「自分のための法学」が成り立つような気がしています。

方法論

私は、樋口先生のおっしゃる「方法論的次元の関心」に導かれているようです。法学ないし民法学が、いかにあるべきか、という問題です。民法の解釈適用をどのようにすべきかという民法解釈方法論とは、違う問題です。社会とつながるべきだ、というのも、ひとつの方法論レベルの主張だと思います。

これまでの日本の民法学には、この意味での方法論にかかわる議論が、それなりに蓄積されています。法社会学的民法学の伝統とともに、方法論にかかわる議論の蓄積は、日本の民法学の貴重な遺産だと考えています。とりあげた法学者たちは、この面で、非常に重要な思想を提示してきた人ばかりのように思います。日本の民法学の遺産目録の点検という観点からすると、星野英一先生、平井宜雄先生、鈴木禄弥先生、広中俊雄先生などが、私にとっての重要人物で、私なりの見方を、それぞれ短編ではありますが、『日本の民法学』の中で提示したのでした。フランスの教科書レベルに現れる方法レベルの議論よりも、日本のそれの方が、振れ幅が、かなり大きい。つまり、日本の民法学ないし法学イメージというのは、依然として、不安定なのかもしれません。別の言い方をしますと、それだけ、民法学ないし法学のイメージについて、ダイナミックな議論が行われていたわけです。

それが、近年、民法学者たちの頭の中で、法科大学院における教育の意識が高まったせいでしょうか、比較的、現在の裁判実務に近い線で、民法学ないし法学について、固定的なイメージが形成され、それを動かすような議論が乏しくなっているような印象を持っています。

この方法論の問題に関しては、『日本の民法学』の第三部「フランス」も関係しています。この原論文(「日本の民法学におけるフランス法研究」)については、大村さんからの第3信の冒頭で言及いただいていますが、改めてまとめますと、そこでは、日本の民法学におけるフランス法研究の傾向として、問題解決の手法のようなものを輸入するとか参考にするとか、条文・法典の輸入元としてのフランス法・フランス法学を参照する、というようなスタイルから、あるいは、それらのスタイルに加えて、日本の民法学が、民法の基本概念(たとえば「契約」)、法や法学がどのようなものかを考えるために、思考の鏡としてフランスを活用するようなスタイルが出てきているということを書いております。民法学ないし法学のあり方については、司法制度改革以降、議論が乏しくなっているようではあるのですが、他方で、フランス法研究という観点からすれば、方法論的なレベルでの変化の兆しをみてとることができるようにも思います。

民法学なのか？

『日本の民法学』は、解釈論・立法論に正面から取り組むのでもなく、「基礎研究」とも違っています。「批評」と銘打ってはいますが、いずれにせよそれは、伝統的な意味での民法学とは違うものでしょう。とりわけ、この本の第一部の連載は、民法以外の法分野に越境していることもあり（連載の初回は、「刑事訴訟法 平野龍一」というタイトルでした）、批判を受けることは予想していました。たとえば、そんなものは民法学ではない、あるいはまともな研究ではないという反応を示した民法学者がありました。その気になりさえすれば、民法学者でなくても、『日本の民法学』のような本を、もっと上手に書くことができる人がたくさんいることでしょう。しかし、裁判官・弁護士、そして学生にとっては、民法学の世界は、残念ながら日常業務とは少しだけ距離があり、それに親しむ時間も、なかなか取ることができないと思います。『日本の民法学』は、楽しく読んでいただければ本望だという以上のものではないのですが、そこに取り上げられている著者たちの実作に接したときの、ひとつの読み方案内のような性格もないではないので——もちろん、特定の読み方を強要する文章にはなっていないつもりですが——、裁判官・弁護士・学生にとっては、仕事・勉強の参考になるという実益も、少しはあるかもしれません。そして、私としては、批評——私の本がそれになっているかどうかはともかく――ということは、重要な営みだと考えているのです。

裁判官は、弁護士の主張を基礎として、判決を書きます。民法学者は、論文を書いたり、本を書きます。しかし、これらの書きものは、書くことが自己目的なのではなくて、読まれるために書かれるのです。そうであれば、それを読む人の存在は不可欠です。

判決についてみれば、それは、一次的には当事者を名宛人とするものでしょうけれども、制度上、誰でも見ることができる。第三者に開かれています。学者が公表した著書や論文についても、その点は同じです。第三者が読む可能性を担保することによって実現できる価値がある。読者が、テクストを読み、批評につなげていくこと自体に価値がある。

私は、責任ということの前提に、批評があるはずだと思うのです。重要な意思決定――たとえば、裁判所の判断だけでなく、国会や内閣の政治的判断などもそれに含まれます――は、その結論だけでなく、なぜそのような判断が行われたのか、言葉によって説明されること、そして、その説明が記録にとどめられることが不可欠です。そのことによってはじめて、同時代の人々、後代の人々が、その判断を理解し、場合によっては過去の判断を非難し、場合によっては将来についてより良い判断をする糧とすることができる。その全体を批評といってもよい。それにもかかわらず、重要な意思決定プロセスについて記録を残さないなどということは、批評の可能性を封じ、判断者が責任を引き受ける前提を消してしまうように思うのです。意思決定権者は、民主的正統性の裏付けをもって権限ある地位に就いたら、後は自由に行動してよい、というものではなく、行動を言葉で説明し、記録に残すことによって、同時代と後世の批評に晒されることがなければ、責任を果たしたとはいえない。

こうした考えは、私のオリジナルなものではなく、憲法の蟻川恒正さんのいくつかの論文を私なりに消化したもののつもりです。『日本の民法学』のあとがきに、「批評の連鎖」の思想として、蟻川さんの「責任政治」（法学五九巻二号〔一九九五〕）という論文を引用しつつ、そのことを書いております。記録に残すこと、記録を読み、批評することが、市民社会を支えるという思想があるとすれば、それは、蟻川さんの「文書館の思想」（現代思想二〇〇四年一〇月号）、「決定―アーカイヴズ―責任――〈三・一一〉と日本のアーカイヴァル・ポリティクス」（奥平康弘＝樋口陽一編『危機の憲法学』〔弘文堂、二〇一三〕）においても、はっきり読み取れると考えています。憲法学の観点からすれば、権力を持つ者が、自分の行為について、その記録が同時代そして後代の批評に晒されることを意識することが大切だということかとも思います。民法学者の書いたものは、批評の連鎖の一コマにすぎないかもしれません。しかし、批評を続けていくことが大事だろう、ということです。判例批評、立法批評も、こうした意味で一層重要です。

おわりに

さて、大村さんの『穂積重遠』（大村⑥）は、膨大な資料の裏付けをもった重厚な人物伝であり、日本民法学史であり、近代日本社会史でもあり、とても楽しく読ませていただいた本でした。しかし、いささか強引ではありますが、穂積という「人」に照準を合わせ、また、その批評も行っている点で、私の『日本の民法学』とのつながりもあるように思います。次便で大村さんが『穂積重遠』をとりあげようとされる理由も、そんなところにあるのではないかと想像しています。この人物伝は、民法学という観点からは、どのように語られることになるのでしょうか。

小粥太郎

第11信の1　「儒者」としての穂積重遠

小粥太郎さま

⚜阿修羅としての批評

小粥さんの『日本の民法学』（小粥⑥）は、雑誌連載の時から楽しく読ませていただいておりました。平素、『法学セミナー』は購読していませんが、連載中の一年に限って毎月買っていました。もっとも正直に言えば、最初の六ヶ月の巻頭言が樋口陽一先生によるものだったことも、コピーで済ませずに雑誌を買った理由でした。樋口先生は、中川善之助・清宮四郎・宮沢俊義・丸山眞男・世良晃志郎・戒能通孝の名を表題に掲げて、それぞれわずか一頁で、人と学問と時代と社会とを論ずるという離れ業を演じておられます。編集者の作為か偶然の結果か、そのあたりは別にして、樋口・小粥の両連載のコレスポンデンス（照応）を楽しみました。小粥さんは「批評の連鎖」ということをお書きになっていますが、東北大学の学統――あるいは仙台の地霊――が生み出した「批評家の連鎖」がここには確かにあります。

小粥さんは、民法学を社会（読者たる一般市民）に開くことを構想し、その役割を「批評」に託しておられます。同時に、民法学批評が民法学の一分野であるとも言っておられますが、これは学説相互間に「批評」

の空間を構築しようということでしょう。このように、小粥さんの「批評」は公衆に向けられると同時に同僚にも向けられている。その意味では双面のヤヌスのような存在です。さらに言えば、「批評」は実務法律家にも向けられているはずです。早川眞一郎さんが「『眼高手低』から『手低眼高』へ」（ケース研究三〇九号〔二〇一一〕）という軽妙洒脱なエッセイで語っておられるように、民法学の営み自体が実務に対する「批評」であるわけですが、実務に対する批評である学説に対する批評は、実務にとってはいわばメタ批評になっている。実務家の中にはこうした観点から「批評」を読んでおられる方々もいらっしゃることでしょう。あるいはこれは、一般の読者にもあてはまることかもしれません。そうなると、批評は三面の阿修羅として、三つの世界を繋ぐ役割を果たすことになりますね。

⚜民法学と法学

前便で私は『民法の世界』（小粥⑤）という表題はすばらしいと書きましたが、『日本の民法学』という表題は論争的だと感じています。目次を見れば一目瞭然ですが、第一部「法学者」で論じられている一一名の法学者のうち民法学者は星野英一・平井宜雄・鎌田薫の三先生に過ぎないからです。第一部がもともとは「法学入門――自由に考えるための作法」と題されていたことを考えれば、これは不思議なことではありません。しかし、この部分が半ばを占める著書に、小粥さんは「日本の法学」ではなく「日本の民法学」という題を付されたわけです。

『日本の民法学』の後半部分（第二部「著書」と第三部「フランス」）は、文字通り民法学に関するものなので、

「日本の法学」では羊頭狗肉のそしりを受けるかもしれません。しかし、「日本の民法学」という表題にはより積極的な含意があるのでしょう。一つは、実定法学が市民社会を支えているという法学観、そして、民法は市民社会の基本法であるという民法観です。そうであれば、民法学は他の法学に関心を寄せてもよいはずだ。ところが、現実は必ずしもそうではない。民法学は他の法学にもっと関心を寄せ、そこから学ぶべきではないか。これがもう一つです。「商法学?・」として若い世代の森田果さん[*1]を登場させたり、学説と実務を架橋し他分野の若手に影響を与える藤田宙靖先生で連載を結んでおられるのは、そうした気持ちの現れだろうと推察いたしました。

以上の二点はいずれも興味深い点ですが、第二点は小粥さんの別便（2-1）に委ね、第一点については後で別の文脈で触れることにして、先に進みます。

⚜学説と人格、集合体と個体

突然、奇妙な例を持ち出しますが、高名な先生が亡くなられると、雑誌などに追悼のための企画が組まれることがあります。その際の表題としてよく用いられるのが「○○先生の人（人柄）と学問（業績）」というものです。

この対比を使うならば、小粥さんの『日本の民法学』はある学者の学問を全体として把握することを通じて、その人の（学者としての）人柄に迫っているということができます。また、群像として法学者を捉えてその異同を示すことによって、法学とはいかなる存在であるかを示そうとしておられる。

これに対して、私が『穂積重遠』（大村⑥）で試みたのは、一人の人間をできるだけ幅広く捉えることによって、その人の学問を理解し、同時に、法学のある側面を明らかにするということでした。小粥さんのアプローチとは異なるものの、目指すゴール、すなわち、○○説、××理論という具合に法学をその成果（作品oeuvres）によって特徴づけるのではなく、その背後で行われている法学者の営み（制作ouvrage）として捉えようという点は共通しているのではないかと思います。

⚜二〇世紀前半の社会と法・法学

ここで私自身の制作の楽屋裏について、少しお話しさせてください。『穂積重遠』は版元の大きな伝記シリーズの一冊という形で出版されています。ですから、このシリーズで穂積重遠が予定されており、私に執筆依頼がなされた、とお考えの方が多いと思います。しかし実際には、担当編集者から、何か書いてくれませんか、たとえば歴史などはどうですか、と水を向けられたのに対して、ある法学者の伝記という形で日本民法学史の一部を書く、それによって二〇世紀前半の社会と法・法学を描き出す、ということなら、と応じたのが始まりでした。『穂積重遠』はもともとはシリーズとは無縁のモノグラフィーだったのです。

私の日本民法学史の構想は、一九九〇年代の終わりに同僚の道垣内弘人さんとともに、「九〇年代日本の民法学」というゼミを行ったことに端を発します。その後、二〇〇〇年代に入ってから、「一九二〇年代日本の民法学」「占領期日本の民法学」というゼミを単独で続けました。実は「成長期日本の民法学」「民権期日本の民法学」というのも考えていたのですが、前者は『不法行為判例に学ぶ』（大村⑤）に吸収された形になりました。後者に対応するものはいずれ何らかの形で考えてみたいと思っています。

こんなことをお話しするのは、伝記シリーズという形を借りて、私は私が書きたいものを書いたということをお伝えするためです。小粥さんの場合には、「法学入門」というよくある企画を持ちかけられ、その中に編集者の予想の外にあった内容を盛り込まれたのではないかと推察しますが、アカデミックな紀要や記念論文集ではなく商業出版物に書く場合には、私たちはこうした工夫をしている、あるいは、学者生活も四半世紀を超えて、こうした「わがまま」も許容されるようになってきている、ということです。

⚜なぜ、穂積重遠なのか

『穂積重遠』に関しては、執筆前に構想をお話しした方々から、なぜ、穂積重遠なんですか、と尋ねられたことが再々でした。確かに、二〇世紀の民法学史を試みるならば、鳩山秀夫（そして我妻栄）でないとしても、末弘厳太郎（そして川島武宜）あたりを取り上げるのが一般的なアプローチの仕方かと思います。現に、末弘について書かれたものは少なくありません。もちろん、少なくないから止める、むしろ論じられることが少ない穂積（そして来栖三郎）を選ぶという選択肢もあります。私自身の選択にもそうした側面は確かにありました。

ただ、より積極的に言うならば、穂積を取り上げることによって、「大正期（一九二〇年代）」と「占領期」とを連続的に扱うことができるのではないか、という目論見もありました。もちろん、労働法学者としての末弘は戦後にも活躍するのですが、（素人の誤った印象かもしれませんが）率直に言って、戦後の労働法制は末弘の貢献に負うという感じはあまりしません。（和仁陽さんもそう言っていたかもしれませんが）『断腸前後』（一粒社、一九五二）の末弘には孤影が漂うように思うのです。これに対して、少なくとも私の中では、戦後家族法と穂積の関係とか、尊属殺違憲少数意見の意義とか、穂積の中には戦後にも論ずべき（私が論じやすい）テーマがあるように感じられました。

もちろん、穂積に関しては、ご子息の重行氏がきちんと資料を保管しておられ（そもそも穂積重遠は記録好き・保存好きだった）、その利用の便を図っていただけたという幸運もありました。これは彼について書こうと決めて、重行氏のもとに通うようになった後の話ですが、重行氏編集の『欧米留学日記』（岩波書店、一九九七）などの資料がすでに刊行されていたことは、やはり執筆を促す要因になっていただろうとは思います。

⚜人物について

ところで、穂積重遠と言っても、読者の多くはご存じないでしょう。民法学者にしても、最近では、その名や主要業績を知っているだけという人が増えていると思います。そこで、「人と業績」について、ごく簡単に説明しておきましょう。

穂積重遠（一八八三―一九五一）は、東京高等師範学校付属中学校、旧制第一高等学校を経て、東京帝国大学法科大学に入学、一九〇八年に同大学を卒業し、親友・鳩山秀夫とともに同大学の講師に採用されています。一九一六年までの欧米留学を経て同年、教授に昇進、以後、一九四三年まで同大学で民法を講じました。その間、三回にわたり法学部長を務めています。また、一九一九年以来、長年にわたり家族法改正に関与したほか、一九四四年には貴族院議員、四五年には東宮大夫（皇太子の教育責任者）、四九年には最高裁判事に任ぜられました。前述のように、立法者としては、相対的離婚原因などの提案が戦後の家族法に活かされているほか、裁判官としては、尊属殺人を憲法違反とする少数意見が有名です。

彼の父親・穂積陳重は日本民法典の起草者の一人であり、東京帝国大学教授のほか枢密院議長などを歴任しています。母方の祖父は渋沢栄一、妻の父は児玉源太郎（陸軍軍人。日露戦争の際の総参謀長）で第二次世界大戦終戦時の内大臣であった木戸幸一は義弟にあたります。また、憲法学者・穂積八束は叔父にあたるほか、政治家・阪谷芳郎も叔父、同じく政治家・石黒忠篤は義弟にあたります。一族には、法哲学者・尾高朝雄（京城帝国大学教授を経て東京大学教授）や著名な作家・野上弥生子などの名も見られるという名門の出です。

⚜業績について

穂積重遠は主著として『離婚制度の研究』（改造社、一九二四）、『親族法』（岩波書店、一九三三）を有し、日本家族法学の父と呼ばれています。さらに、『法理学大綱』（岩波書店、一九一七）や『民法総論』（有斐閣、一九二一）などの学術書のほか、『婚姻制度講話』（文化生活研究會、一九二五）、『民法読本』（日本評論社、一九二七）や『結婚訓』（中央公論社、一九四一）、『法学通論』（日本評論社、一九四一）、『私たちの民法』（社会教育協会、一九四八）、『私たちの憲法』（社会教育協会、一九四九）、『百万人の法律学』（思索社、一九五〇）など一般向けの入門書を多数執筆しています。また、法学エッセイ『有閑法学』（日本評論社、一九三四）、『続有閑法学』（日本評論者、一九四〇）や『新訳論語』（社会教育協会、一九四七）、『新訳孟子』（社会教育協会、一九四八）などでも知られていました。彼の学説の大半は忘れられているように見えますが、家族法に関する考え方は中川善之助に、法理論（法源・法学）に関する考え方は来栖三郎に、それぞれ承継されていると思います。家族法と法源論はすぐれて戦後的な問題領域であることを考えると、穂積の考え方は戦後法学の源流であるとも言えるわけです。ただし、中川・来栖の考え方も、今日、必ずしも十分には理解されなくなっています。

穂積について特筆すべきは、アカデミズムの外部での活動です。関東大震災の後に盟友・末弘厳太郎とともに、東京帝国大学セツルメントを設立して地域の医療活動や庶民の法律相談を組織しましたが、これは日本における学生ボランティア活動のはじまりとされています。また、同じころに阪谷芳郎や牧野英一の助力を得て、小松謙助とともに社会教育協会を設立し、社会教育の推進に尽力しました。さらに、女子の法学教育のために、大審院長・横田秀雄らとともに明治大学女子部を創設したほか、児童福祉施設（子どもの家）や幼稚園（白梅幼稚園）なども設立しています。

彼の社会活動の精神は、我妻栄にも影響を及ぼしています。また、明大女子部は女性法律家の揺籃となり、立石芳枝（民法学者）、鍛冶千鶴子（弁護士）、三淵嘉子（裁判官）などを輩出しています。

⚜天皇の忠臣か？

穂積重遠の人物については、没後の座談会で「よい臣下」「よい貴族」であったという評価がなされています。彼は自由主義的なオールド・リベラリストであったけれども、体制の改良にとどまっており根本的な改革に至るものではなかったという（ある意味で終戦直後らしい）両義的な評価が下されているのです。

確かに、穂積は体制内部の人でした。彼は、政治・行政・軍事・産業・学問のすべてにわたる支配階層に属する人物であり、また、天皇や皇太子に対する忠誠心や尊敬を失わない人物であったと言えます。前記の見解は、それゆえ、彼は真の意味での「市民」ではなかったとするわけです。

しかし、支配層に属することや王政を支持することだけで、「市民」の資格は失われるのでしょうか。たとえば、イギリスのジェントルマン層は「市民」とは呼べないのか。「市民」という言葉をどのように定義するかにもよりますが、社会に対して責任を持ってかかわる人々を「市民」と呼ぶならば、ジェントルマンは「市民」と呼ばれてしかるべきでしょう。

穂積はイギリス留学中に、国民が「アワ・キング」として国王に親近感を持つ様子に感銘を受けており、このことをあちこちに書き残しています。彼は、国民が国家を自らのものとして引き受けることを望んでおり、皇室がそれにふさわしいものとなることを望んでいました。皇太子（今上天皇）の教育もそのように行っています。彼は自らがジェントルマンであろうとし、教え子たちをジェントルマンにしようとしたと言ってよいでしょう。

⚜士たるべし

東洋の伝統に沿った形で言い換えますと、穂積重遠は自身が「士」たろうとし、弟子たちを「士」たらしめようとしたとも言えます。『新訳論語』の中で、彼は「士」という言葉に注を付して、統治のための知識・見識を持つとともに、責任感を持つ者であるとしています。また、同じ本の別のところでは、「民は由らしむべし、知らしむべからず」という章句を解説し、知識を与えないという意味ではなく、「自ら由る」（自由）という姿勢を養うことが重要であり、「ただ単に知識を与える」というのでは十分ではないと読むべきではないかと述べています。これはまさに「民」を「士」たらしめようということでありましょう。

ある研究者によれば、一九二〇年代はじめの大学生は「利己主義者」であり「点とり虫で、卒業後の就職口をうるために大学で勉強するといった風で、社会、民衆のために尽す気風が起きていなかった」といいます。このような学生に対して「人間らしさの価値」に目覚めよと説いたのが、末弘・穂積のセツルメント運動でした。設立趣意書において末弘は、「富は義務を生ず」と述べましたが、穂積であれば「士たるべし」と述べたに相違ありません。実際に彼は、自ら士たろうとしました。様々な社会教育や社会事業の展開は、彼の余技ではなく彼の活動の中心の一つととらえられるべきだろうと思います（この点に着目して、私は伝記の副題に「社会教育と社会事業とを両翼として」という彼自身の言葉を掲げました）。

⚜理論なき法学か？

穂積重遠の法学については「理論」がないと言われることがあります。彼の主著『親族法』については末弘が、密かに彼が自負する『有閑法学』については栗生武夫が、異口同音にそう評しています。

確かに、彼には「穂積理論」と呼ばれるようなものはありません。彼自身、『親族法』は「理論書」ではないとしています。しかし、「理論」がないと言われる場合の「理論」とは、いったい何でしょうか。一九三〇年代に末弘、特に栗生が想定した「理論」とは、マルクス主義の理論ないしそれに類するものを指していました。当時としては仕方のないことかもしれないが、マルクス主義に依るものだけが学問的であり、他は非学問的であるという見方を支持する者は今では皆無でしょう。

また、ドイツ流の法解釈理論も彼の好みではなかった。穂積は、自らの家族法学を「歴史的・比較的・立法論的・社会政策的」と称しましたが、法を社会現象としてとらえ、多面的に検討するための素材を広く求めるのが彼の法学でした。彼の同時代で言えばダイシー[*2]の『法律と世論』（これは穂積の愛読書でした）、現代で言えばアティア[*3]の『契約自由の盛衰』のようなものが彼の目指す法学作品だったろうと思います。そこには、広い視野に立ってまとめられた一連の叙述はあるけれども、ダイシー理論、アティア理論と呼ばれるものがあるわけではありません。

✤プロセスとしての学び

これを東洋の文脈に置き換えて考えるとどうなるでしょうか。穂積重遠の学問のあり方は、朱子の『論語集注』であるよりも孔子の『論語』に近い、と言えるのではないか。私は最近そう思うようになりました。これには二つの意味があります。

一方で、穂積重遠は、『論語』というテクストを論理的に矛盾のないドグマの体系をなすものとは考えていません。この点で、朱子のような立場には立っていない。しかし、全く一貫性のないテクストの断片だとも考えていないのです。彼は、『論語』を孔子の一代記としてとらえている。そこには矛盾も欠缺もあり、何か一つの基本原理によって貫かれているわけではない。それでも一個の人間像を描くことはできるというのです。

他方で、彼は、学び続ける、読み直しを続ける、ということを重視しています。テクストにせよ社会にせよ、その意味は簡単には明らかにはなりません。それでも学び続ける。それこそが『論語』の教えである。まさに「任は重く、道は遠い」（重遠という名の由来）のです。彼が、同じテーマを深めつつ、何度か別の形で書き改めているのは、このような学問観に立つからでしょう。

⚜「民法」出でて「忠孝」滅ぶ

こうして見ると、穂積重遠は、社会に責任を持とう、学びの姿勢を保ち続けよう。そう説きつづけてきたと見ることができます。これはまさに「儒者」のあり方ではないか。私は最近、彼の民法学は「士大夫の学としての民法学」と呼ぶことができ、彼自身は二〇世紀前半を生きた「儒者」であったと見ることができるのではないかと思うに至っています。こうした「学者」のあり方は、いまではあまりはやらないのかもしれません。法科大学院では、マーケットの需要に応じる法律家が育てられ、政治に対する責任感や社会のあり方に対する関心は希薄になっているようにも見えます。しかし、考えてみると、「学士」という言葉は、穂積重遠が目指したような人間像を内包した言葉ではなかったか。「学士」は「学」を修めた「士」、そこには、学びの姿勢と社会への責任が含意されていたはずです。

こうした観点に立つと、穂積が学び、また私たちが学ぶ「民法」は、「市民」の「法＝正義」として理解されるべきではないでしょうか。そこでの「市民」は被治者としての「民」ではなく自治者であるはずである。また、「法」は統治の手段ではなく、正義の基準であるはずである。思えば Droit civil を「民法」と訳したのは誤解を招いたかもしれません。このように訳したことによって、市民の主体性が見えにくくなったからです。むしろ、明治初期のある人物が指摘したように、civil は「都人士」と訳した方がよかったかもしれません。さらに言えば「士」だけでもよかった。

穂積重遠の叔父・八束は、「民法出でて忠孝滅ぶ」と述べて、旧民法を批判したことで知られています。この批判はしばしば反動的・保守的な批判であったとされます。しかし、「民法」が被治者が勝手に取引をするための法になってしまえば、「忠孝」だけでなく「治国平天下」を目指す「士」の居場所はなくなります。そう考えるならば、「民法出でて忠孝滅ぶ」はあながち当たっていないとも言えないのです。

いまから四半世紀前に私が教えを受けたコルニュ先生（一九二六－二〇〇七）――小粥さんの指導教授だった鎌田薫先生もコルニュ先生のもとに留学されたはずです――は亡くなる直前に、民法は「lex mercatoria 商人の法」ではなく「res publica 共通の関心事＝共和国の法」であると述べておられました。これはまさに、民法が「市民 citoyen」の法、「士大夫」の法であるということにほかなりません。こうした法のあり方を目指すのが、言葉の本来の意味での「学者 savant」であり、儒者であると言うべきではないでしょうか。

⚜「儒者」という視点

私が穂積重遠を「儒者」としてとらえるようになったきっかけはいくつかあります。一つは前述の「都人士」という訳語を「発見」したことですが、もう一つは、最近になって、大沼保昭先生のお誘いで渡辺浩先生の論語講読の会に参加させていただいたことです。渡辺先生からは論語そのものについてのみならず、日本政治思想史における儒学の位置づけについても教えていただきました。[*4] 一九世紀後半に至るまでの江戸幕府の時代には儒学が盛んであったが、一九世紀後半の明治政府の時代になると洋学がこれにとってかわる。これが一般的な見方です。しかし渡辺先生は、一九世紀に至るまでは儒学は必ずしも盛んではなく、一九世紀こそがむしろ儒学の時代であったとおっしゃいます。

確かに、中江兆民の例ひとつをとって見ても、儒学と近代（孟子とルソー）は密接に結びついています。素人考えを大胆に述べれば、近代日本はよき「儒者」とよき「基督教徒」によって支えられたと言えるのかもしれません。この場合の「儒者」とは、私なりに言い換えれば、「学者（反省心をもって学ぶ者）」であり「士大夫（責任をもって自ら治める者）」である者という意味です。

よき伝統の発掘と継承を

穂積重遠の中において、よき儒者の伝統はよき民法学者（civiliste）の伝統に転換された。このように私は理解するに至りました。そして、民法学者としての穂積は孤立していたわけでもないし、見捨てられたわけでもありません。例えば、彼と同時代を生きた牧野英一や田中耕太郎が、また、彼の直接・間接の後継者とも言える中川善之助や来栖三郎、我妻栄や加藤一郎・星野英一の存在がこのことを示しています。これらの人々を含む近代日本の法学論は、従来の法学像とは異なる法学像をもたらすかもしれません。そしてそれは、もうひとつの法学教育像や法学者像に結びつくかもしれない。穂積は楽観的な人生観の持ち主でしたが、穂積重遠伝の執筆の果てに私が手にしたのは、ある種の希望の種だったともいえます。
では、具体的にはどうすればよいのか。伝統をいかに発展させていくか。現在の私に成算があるわけではありませんが、遺産目録を手にしたいま、自分自身の在庫目録を確認の上、使えるものは利用することを考えつつ、将来の構想を練るべきときが来ていると感じます。この往復書簡を終えるにあたって、スケッチにとどまるものの概略だけをお示しし、小粥さんのご意見を伺いたいと思います。が、しかし、この手紙もずいぶん長くなりました。ひとまずは筆を擱きます。続きは第11信の2に認めることにいたしますので、恐縮ながらそちらをご覧いただければ幸いです。

大村敦志

＊1　森田果（一九七四―）　民法についても果敢に発言する商法学者。
＊2　ダイシー（Albert Venn Dicey, 1835-1922）　イギリスの憲法学者。『法律と世論』は一九〇五年刊。翻訳は法律文化社、一九七二年刊。
＊3　アティア（Patrick Selim Atiyah, 1931-）　イギリスの法学者（契約・不法行為）。『契約自由の盛衰』は一九七九年刊。阪大法学一二五号―一二八号（一九八二―八三）に部分訳がある。
＊4　渡辺浩『日本政治思想史――十七～十九世紀』（東京大学出版会、二〇一〇）。

第11信の2　「学と術」の多層化・実効化へ

小粥太郎　さま

基礎と応用を再考する

前便の続きです。「私たちは何者か。そして、どこに行くのか」（Que sommes-nous? Où allons-nous?）という話でした。白紙の状態から、この問題を考えるのは容易なことではありません。そこで、二〇〇〇年代を通じて私が模索してきた二つの方向を振り返りながら、いくつかの視点を取り出してみたいと思います。一つは比較法に向かうもの、もう一つは市民社会に向かうものですが、まだ十分には展開し切れておらず、途中経過的なものをいくつか書いたにとどまっています。現在の民法学界の趨勢からすると、マージナルな位置にあるものなので、あまり関心を持たれていないだろうと思いますが、逆に言えば、民法学の周辺（フロンティア）を拡張しようというのが、全体を通じてのライトモチーフでした。具体的には、前者の系列では『日韓比較民法序説』（大村⑦）、『フランス民法』（大村⑧）、後者の系列では『生活のための制度を創る』（大村⑨）、『他者とともに生きる』（大村⑩）があります。

内容をごく簡単に申し上げますと、『日韓比較民法』は日韓比較の意義を説くとともに具体例を挙げて比較を試みるもの、『フランス民法』は実定法としてのフランス法の解説ではなく日本における研究状況を明らかにするものでした。また、『制度を創る』は日常生活の中で必要な制度を市民が自ら創っていくための考え方と具体例を紹介したもの、『ともに生きる』は民法の観点から外国人法を概観しつつ市民社会とは何かを考えるものでした。いずれも二〇〇〇年代に、前者は講義で、後者はゼミを行って考えてきたことをまとめたものですが、前者は基礎研究としての比較法のあり方を、後者は応用研究の対象を、それぞれ再考しようというものだった。今ではそのように思っています。

⚜活動領域を整序する

もっとも、ここで用いている基礎とか応用という言葉そのものについても、再考が必要かもしれません。この言葉は便利なので、私はこれまで「基礎（研究）」と「応用（研究）」を繋ぐ（両者が出会う）場として「基本」というレベルを設定してきました。しかし今では、この三分法を次のように二重化してはどうかと考えつつあります。

「基礎」「応用」はいずれも「研究」を想定した概念ですが、「研究」という枠を取り除いて、「学」と「術」（science と art/technique）という古典的な対比にひとまず戻ってみます（ちなみに、明治期には「法学」「法術」という対比がされていました）。その上で、「学」という営みの中には「術」から遠いものと近いものがある、「術」という営みの中には「学」から遠いものと近いものがあると考えたい。別の言い方をすると、「術」を考慮に入れた「学」、「学」を考慮に入れた「術」がある（この発想は、「内的視点を考慮に入れた外的視点」という考え方にヒントを得ています)。この道具立ての下で考えると、「学」は「学α」「学β」に、「術」は「術α」「術β」に分けられ、「学α」が「(純粋な)基礎」に、「術α」が「(純粋な)応用」、そして「学β」「術β」が「(基礎と応用とが交錯する)基本」に対応することになります。

基礎		基本		応用
学α	↓	学β　術β	↑	術α

基礎研究　↓　基本　↑　応用研究

このように用語を変更してみると、次の二つの点を示すことができるように思うのです。一つは、法学は「研究」だけをするものではない、ということ。もう一つは、「学」の中には「術」が組み込まれており、「術」の中にも「学」が組み込まれていると考えること。一言で言えば、研究を中心に据えた上で(実践と切り離して)、基礎を応用する(それぞれは独立している)という態度をとらないということです。このことは、多くの実定法学者にとっては暗黙裡の前提であるようにも思いますが、誤解を避ける上で言語化しておくことには、一定の意味があるでしょう。

このような用語法を使うならば、私の言う二つの方向性は、ここでいう「学β」「術β」の領域を、それぞれ広げていこうというものだと申し上げておきましょう。

なお、以上の発想には、基礎(そして応用)をさらに分化させて考えるという点で、小粥さんのおっしゃる「基礎研究1・2」と共通のものがあるとも言えます。また、小粥さんは「研究」と呼んでおられますが、

「基礎研究2」につき「法的思考」という法律家に共通の土俵を設定されている点で、「術」を組み込んだ「学」を想定されているように見えます。もっとも小粥さんが、研究者のキャリア・パスの中で、あるいは、論文執筆の戦略として、「基礎研究1」から「同2」という展開を考えておられるのに対して、私は「法の知」の布置構造という観点に立っているので、少しギャップがあるかもしれません。

⚜比較の視線を動かす

比較法に関しては、とりあえず三つのことを述べたいと思います。

第一は、(広い意味での)母法(欧米法)を鏡にして継受法(日本法)を見るという一方的な視線の動きを変えてみてはどうか、ということです。具体的な提案は二つあります。一つは、日本を含む東アジア諸国の相互比較を行うこと、もう一つは、法継受をより一般性の高い現象としてとらえることです。前者は『日韓比較民法』で試みたことです。後者は私にできることとしては日韓仏の三法比較ということになりますが、日中米でも日台米でもかまいません。これについては、おおむね次のように考えています。

一口に比較といっても、その方法には様々なものがあります。一方で、多数の国を対象にした比較があります。国際的な比較法学会でよく行われるタイプの比較です。他方で、二国間の比較もある。日本でも韓国でも見られる「フランス法における○○」といった論文も、暗黙のうちに自国法との二国間比較を行っているとみることができます。

しかし、比較の方法はこの二つ以外にもいろいろありうる。たとえば、三つの国(あるいは地方・地域)の比較、特に、日本と韓国（あるいは、韓中、中日、日韓中等）にヨーロッパの一国（ここではフランスを念頭においている）を加えた三国の比較です。これにも二つのアプローチがあります。一つ目は、日本や韓国の法制度を比較する際に、フランス法を基軸として、その偏差をはかるというやり方です。この場合には、フランス法は評価の軸として利用されるだけです。たとえば、以前に私は、フランス法との対比で、日本の典型契約（制度・思想）の特色を分析したことがありますが、これに韓国法の分析を加えれば、フランスとの対比で、日本法・韓国法の特色を抽出することが可能になるでしょう。二つ目は、日本と韓国の法制度の原点として、フランス法をとらえるという方法です。この場合には、フランス法を出発として、その後、日本法・韓国法がどのように発達したかが探究されることになります。これも私の論文で言えば、かつて日本の暴利行為論の歴史をたどって、ドイツ法から日本法をへて韓国法へという影響関係に簡単に触れたことがありますが、このような研究も、様々な問題について可能だろうと思います。現に若い日本の研究者の中には、日韓独の比較研究を行う人も出てきています。

以上のような研究によって、私たちは隣国から学び合うことが可能になります。また、隣国に自国の経験を伝えることもできる。さらに言えば、私たちの経験を共通の枠組みで理解することが可能になるのではないかと思っています。しばらく前から東アジアの民法の統一が話題になることがありますが、それ以前に、民法学が共通の基盤を持つことが大事ではないでしょうか。

⚜比較の目的を拡張する

第二は、比較法を法の解釈のために使うだけでなく、法の理解や立法のためにも役立てたらどうか、ということです。もちろん、フランス法やドイツ法とはいかなるものか、日本の外国法の研究者はまさにこの問題に取り組んでいるのだろうと思います。しかし、それは外国法学者が行う比較法研究です。私が申し上げているのは、日本民法の理解のための民法学者による比較法ということです。私は、民法学の基礎研究（学β）として行われているフランス民法研究は、このような方向に向かっているのではないかと考えています。『フランス民法』は、この観点から見て興味深い研究業績を紹介し、今後の研究の方向を示唆しようとしています。

ある意味ではこれは、対象の性質が理解されるようになってきたということでもあります。日本では、従来、法学とは法解釈学のことでした。その目的は、ある制度のより望ましい解釈を提案することだった。しかし、（二〇世紀の）フランス民法学は、解釈論の提言だけを目指すものではありません。むしろ、既存の制度や概念の理解を深める、あるいは、新しい概念や原理を構成・発見することが目的とされているとも言えます（吉田克己さんは「認識としての法学」と呼んでいます）。日本でも最近では、フランス民法学のこのような指向性が意識されるようになっており、フランス民法学の思考様式が検討の対象とされたり、その分析枠組が導入されるようになってきているように思います。

これに対して、立法のための比較法はどうでしょう。フランス法について言えば、ボワソナード（Gustave Emile Boissonade）の時代は別にして、この四半世紀を見ても、一九八七年の特別養子法、一九九八年の債権譲渡特例法、一九九九年の成年後見法などの制定にあたって、フランス・モデルが参照されています。しかし、立法の観点から外国法をどのように取り扱うかということについては、あまり関心が持たれていません。そもそも日本では一九九〇年代に至るまで民法改正はほとんど行われなかったため、民事立法学が発展しませんでした。しかし比較法学はもともと比較立法学を一つの端緒としています。そのことを考えるならば、もう一度、比較立法学が試みられてもよいのではないか。その際には、小粥さんが日本の立法について試みた遡行的・回顧的なアプローチが有用だと思います。

⚜比較の成果を共有する

第三は、比較の成果を共有する仕組みを考える必要があるのではないか、ということです。比較法研究は若手の研究者が基礎研究として行うことが多く、その成果は紀要に長大な論文として発表されることになります。こうした研究が盛んなのは結構なことですが、その全部を見渡すことは非常に難しい。そこで多数の研究を関連づけて、研究状況を概観する試みが必要なのではないか。そう考えて『フランス民法』を書きました。不十分ではありますが、これからのフランス民法研究への手引きにしてもらえるのではないかと思います。

しかし、『フランス民法』で取り上げた論文の性格や紹介・検討の仕方は、いわば研究者向きのものです。これとは別に、それぞれの制度につきその具体的な変遷がわかるような形で、個別の研究論文を集約することも必要です。その際には、前述の比較立法学的な視点に立つのも有効かもしれません。これには共同研究あるいは講座物のような企画が必要になるでしょう。この場合、自分で調べるのではなく、従来の比較法研究を総括してその成果を示し、欠けている部分を示すという方法を採ることが不可避だろうと思います。

北村一郎先生が編集された『フランス民法典の二〇〇年』（有斐閣、二〇〇六）は、フランス民法典中の主要制度の発展史を描き出すものとして非常に有益ですが、特定の制度に限っても、一人の研究者が書けることは限られています。特に、フランス法だけではなくドイツ法も英米法も（時には韓国法や中国法も）となれば、ほぼ不可能です。一九八〇年代に「比較民法講座」のようなものが企画されたことがあるようですが、結局、実現しませんでした。それは一人の著者にある項目の執筆を託そうとしたからではないかと思います。

いずれにせよ、比較立法学を含む民事立法学は、これからの民法学の一つの大きな課題（フロンティア）となることでしょう。

⚜広さから深さに転ずる

比較法についてはその視野を広げる、ということを申し上げてきましたが、広さではなく深さを探究することも望まれます。たとえば、民法における人間像を考え直すことが必要なのではないかと思っています。消費者契約などを契機に、当事者間の情報の格差については関心が寄せられ、「限定合理性[*1]」を持った存在として人間をとらえるという方向性がすでに出てきています。しかし、もう一つ指摘されている交渉力の格差については十分な展開がなされていません。さらに言うと、人間の情動の部分をどうとらえるかという問題があります。第9信で触れた「マイノリティ」や「権力性」の問題はこの点にもかかわってきます。私自身まだ十分に考えていませんので、この点は宿題ということで、答案提出は先延ばしにさせていただきます。

218 法実践の場面を見出す

比較法を再考するというのはイメージしやすい話ですが、応用の対象を再考するというのは、自分ながらわかりにくい言葉遣いだと思います。具体的には、国家法という大きな存在に対して、解釈論や立法論といった直ちには伝わりにくい方法で間接的に働きかけるのではなく、契約その他の既存の（第一次の）法制度を使って、身近なところに新たな（第二次の）制度を創り出すことを視野に入れてはどうか、ということです。これなら対象は小さなものではありますが、誰もが直接に働きかけることができるはずです。その意味でこれは、司法や立法に従事する（広い意味での）法律家にではなく、市民社会に向けて法形成を呼びかけるものです。

私は学生時代から、平井宜雄先生の「法政策学序説」（ジュリスト六一三号―六二二号〔一九七六〕）に強い関心を持っていましたが、法政策学の社会認識をふまえつつ、中央官庁の政策立案者に対する指針を提示するのでも、法的決定に関する公理系を築くとともに異なる方向に進みたいと考えてきました。振り返ってみると、平井先生の「序説」の中には、あるいは「序説」を生んだ一九七〇年代の日本社会には、そう思わせるものが含まれていたと感じます。

私自身の試みは、『制度を創る』の後に構想した『ライフ・ビジネスの法理論』が完成しなかったこともあって（未定稿の序章を書いただけで放棄）、宙づりになったままの状態です。しかし最近では、何らかの形でこれを再開させたいと思うようになっています。

⚜法の特色を探究する

ただ、ここで注意しなければならないのは、制度を創るのに法学から出発するのはなぜかということかと思います。最近では「コミュニティ・デザイン」などという言葉も広がっていますが、社会企業家やランドスケープ・デザイナーなどとは異なる法律家の観点とは何か。この点をはっきりさせないと、法学の特色を示すことはできません。

この点で、平井先生が「目的＝手段思考」に「法＝正義思考」、「効率性基準」に「正義性基準」を対置されたのは卓見だったと思います。しかし、法を用いるということには、それ以上の意味があるように思います。あるいは、平井先生が「市場的決定」「権威的決定」とおっしゃったものを「市民社会」「政府」に実体化・具体化することによって、見えてくるものがありそうな気もしています。さらに「裁判所」（そして「マス・メディア」）を加える必要もありましょうが。

⚜民法の哲学を練り上げる

この文脈での「市民社会」は機能として現れていますが、「市民社会」には価値としての側面もあります。外国人の視点に立って、日本という市民社会の像を「別様に」（autrement）切り出し、「来たるべき市民社会」（société civile à venir）を望見する。これが『ともに生きる』で私が目指した地点でした。『ともに生きる』と同時期に書いた『民法〇・一・二・三条』（みすず書房、二〇〇七）という小著では、「政府」（国家）の方に着目して、日本民法典の原則規定の変遷を辿るという形で、市民社会と政府の関係につき略説しました。

これらは「市民社会の法」としての民法（droit civil）の哲学を練り上げる試みでしたが、これもまた中途にあります。しかし、「市民であること」（citoyenneté）を自覚的に引き受けられること、自ら市民になることが、（近代）民法の究極の目的であるとともに存在基盤であるように思います。前述の制度を創る営みを私は、シビル・エンジニアリング（土木工学）をふまえシビル・ロー・エンジニアリングと呼んでみましたが、市民たちの社会の実現は行動と思想の両面において求められています。

❖世界の意味を更新する

市民社会を構築する技法を、それを支える思想とともに提供する。狭義の法律家にならない人々に対する法学教育においては、この方向はある意味では必然の方向だろうと思います。しかし、市民社会の担い手は一般市民だけではありません。法律家こそがその重要な担い手である。このことを再確認することも、重要なことだろうと思います。

ただ、その際には注意すべきことがあります。法律家は自らの職務の外でではなく、その職務を通じて市民社会に働きかけているということです。一つ一つの案件、一つ一つの訴訟を通じて、社会を少しずつ変えている。法律家そして将来の法律家になる人々には、このことを実感してもらう必要があります。

世間の注目を集めたハード・ケースで勝訴した、これによって社会は（少し）変わった。そう実感しておられる法律家は少なくないでしょう。しかし、日々の事件についてはどうでしょうか。法律家の中には、日常の事件はルーティーンとしてこなしている、多くの事件は、解釈の幅が少なく創造性を発揮しにくい事件、社会的な影響の少ない事件であると感じている人もいるはずです。法学学習中の人々の大半はそう思っているかもしれません。

しかし、本当にそうなのか。実際には、そうした場においてこそ、晩年のデリダ*2（Jacques Derrida）が到達したような意味での正義（justice）あるいは衡平（équité）が見えにくい微妙な（同時に重要な）役割を果たしているのではないでしょうか。この点を明らかにするには、裁判例に対する姿勢を変える必要がありそうです。これも現段階では詳しいことは申し上げられませんが、いずれ何らかの解答を試みたい問題の一つです。

⚜学びを接続する

将来の展望を語るというのは、まだ実行できていないことを語るということです。そのために、話はどうしても抽象的になりがちで、わかりにくい話になったのではないかと恐れています。さらに説明を加えるべきかもしれませんが、前便から続く今回の手紙は相当の長さになりましたので、そこは目をつぶり宿題の提出を待っていただくことにして、最後のまとめに入らせていただきます。

ここまで、比較法の様々な次元とその意義、市民社会のツール・基本思想としての民法という話を中心に述べてきたつもりですが、一連の書簡の冒頭で申し上げた「研究者を育て、支援者を求める」という観点からは、これらを民法の研究・学習と接続していくことが重要だろうと思います。見方を変えるならば、研究者を目指す人も実務に進もうと考えている人も、自らがいま学んでいることと民法学者がいままでに学んだこととを関連づけられるようにするということになります。

このような関連性は実は、法科大学院発足前、少なくとも一九八〇年代までは自明のことだったのではないでしょうか。将来の法律家に必要なのは「民法」であって「民法学」ではない、という観念が教授・学生の双方に広がり始め、結果として、この関連性が見失われ始めた。そうだとすれば、私たちがしなければならないことは、この関連性を回復することでしょう。

しかし、それは、失われた一〇年あるいは二〇年を遡り、司法制度改革以前あるいは一九八〇年代以前に戻れ、といった単純な話ではありえません。まず、この一〇年ないし二〇年は暗黒の中世であり、顧みるに値するものは全くなかったのかと言えば、必ずしもそうではありません。そこにはプラスの遺産もあるはずです。次に、古典古代はもはや存在しません。それが滅びたのには理由がある。それを現代に復活させようというならば、そのための条件を整える必要があります。

⚜学びの文脈を開示する

そこで一方では、私たちが置かれている「現在」というのが、いかなる時代なのかを明らかにすることが必要だと感じます。法学学習に即して言えば民法改正や法科大学院のプラスの意味を、より広く司法制度改革について言えば市民参加の意義を、言語化することが望まれます。

これも立ち入った検討は将来の課題とせざるをえませんが、立法の不活性状態（immobilisme）を克服したことの意味は大きいと思います。民法のような基本法典は改正されない、法典と社会のギャップは専門家の手によって解釈で克服されなければならない、と考えるのではなく、よりよい法典を立法によって作り出すことができる、と考えるようになっていることの意義は、積極的に評価すべきだと思います。もっとも、私たちが適切な立法を適時に行うことができているのか、と言えば、話は別です。「立法における賢慮」（légisprudence）が求められていることは、今日の学生には実感しやすいことだろうと思います。

また、司法が国民の話題になるようになったことも望ましいことだと言えましょう。裁判は中身の見えない（invisible）暗箱ではなく、より透明性の高いものになっている。一つ一つの裁判だけではなく司法そのものの存在が見えやすくなっています。この先の進むべき方向は、司法というものが（代理人によって援助される）当事者と裁判官との間で生ずる創造的でダイナミックなものであることを実感することでしょう。そうなれば、（かつて来栖三郎[*3]が想定したような）「小さな法を創り出す司法の営み」（légisprudence に対して jurislative と言ってみましょうか）に、これまでとは別の光を当てる必要があることも理解されるはずです。

そして、これまで法には無縁（indifferent）であった市民が法に関心を持ち始めたとすれば、その関心は一様ではありえないでしょう。個々の市民の差異を乗り越えて市民社会を生み出すには、どのような思想を必要とするか。また、具体的な手段として何をいかに用いるか。法律家になる学生もならない学生も、共通の認識・技能が求められるでしょう。そうしたものを獲得することが「市民になる＝民法を学ぶ」（civilisation）ということにほかなりません。

⚜学びの力を結集する

最後になりますが、他方で、学生と学説の「別居」の原因として、学説の地盤沈下を挙げないわけにはいきません。内田貴さんが言われるように、かつてに比べると今日では学説の影響力は大きく低下しています。もっとも、民法典起草者が最初から高い権威を持っていたかどうかには疑問がないわけではありません。しかし、戦前の学説と現在の学説を比べれば、内田さんの指摘はあたっていると言わざるをえません。そもそも一九八〇年代の学説と比べても、現在の学説のそれは劣っているように見えます。一九八〇年代の学説を見ると、（現実に対応していたかは別にして）かなりの自信を持っている様子が窺えます。これは実務が力を付けてきたということでもありますが、判例が蓄積してきて自律性を持つようになってきたという面もあります。

こうした状況にあって、個々の民法学者が法の創造者として振る舞うのは、ある意味では時代錯誤であるとも言えます。むしろ私たちは、法の批評者としての役割を自覚的に引き受けるべきであるように思われます。そうであれば、私たちは、創作の作法に代えて（加えて）批評の作法を確立すべきかもしれません。もちろん、判例研究は一つの批評であり、そのための作法はずいぶん研究されているとも言えます。しかし、民法学者の活動をより広く批評としてとらえ直すことが試みられてよいのではないでしょうか。

もう一つ重要なのは、かつてに比べると、民法学者の数は増えているということです。個々の学者の力は弱まったとしても、学界の総力は決して弱くなったわけではありません。ただ、その総力が結集するのが難しい。もちろん、ここで総力結集というのは、一致団結してということではありません。自己の領分を大事にしつつ、他者が行うことにも互いに関心を持ち、自分たちの営みが総体として、市民社会とその法によい影響を与えると考えて行動するということです。そうすることによって、見えにくくなっている「学説」の姿を、学生に対して、法律家に対して、そして一般市民に対して提示すること。これがまずは必要なことではないでしょうか（この点は、教科書のあり方とも密接にかかわりますが、これについては別便〔1-1〕で述べました）。

学者生活の途上にある者が、自分を語るのはいささか気恥ずかしいことではあります。それにもかかわらず、小粥さんと私がこのように書簡を交換してきたのは、「学説」の姿を外からも見えるように示したい、ということだったと思います。

私の手紙はこれが最後です。あとをよろしくお願いいたします。

大村敦志

＊1　限定合理性　認知能力の制約により人間は限られた合理性しか持てないという考え方。ハーバート・サイモン（Herbert Alexander Simon, 1916-2001）が提唱。

＊2　デリダ『法の力』（法政大学出版局、一九九九、初出は一九九〇）を参照。

＊3　来栖三郎（一九一〇–一九九八）　民法学者。法源論・法解釈論について関心を寄せていた。著書に、『契約法』（前出九六頁）のほか、『法とフィクション』（東京大学出版会、一九九九）など。

第12信　再び、学説の役割

大村敦志 さま

さいごのはじめに

とうとう最後の手紙になりました。往復書簡を通じて、大村さんのお仕事の舞台裏をのぞかせていただいたような気分に浸ることができたのはよかったですし、民法学のあり方について改めて考える機会を得られたことも自分にとっては有益でした。しかし、自分の中途半端な本について、しかも、それを大村さんのお仕事と対応させつつ語るというのは、幾重にも恥ずかしいことでした。私の面の皮は、この企画を通じて、一層、分厚くなったように思います。

個人的問題？

さて、この往復書簡を終える現段階になって、私は、ある可能性に気がついてきたような感覚を持っています。

私は、研究生活に入ってから、終始――時期によって程度の大小はあっても――、民法学者は何をすべきなのだろう、という疑問を抱きつづけてきました。私は、この疑問を、判例タイムズの加藤雅信先生、加藤新太郎判事との鼎談（小粥①）の中で吐露するなどしましたが、両加藤先生の反応などから、この疑問は、私の個人的な問題であると判断し、他の民法学者・法学者が、この問題についてどう考えているかについて、真剣に想像してみることがありませんでした。

民法学者の仕事のイメージを示す文章として私がいつも思い出すのは、広中俊雄先生の『債権各論講義』（前出一八五頁）の一節です。広中先生は、請求権競合問題について、新訴訟物理論の立場から、損害賠償の給付訴訟において、契約法を適用するか不法行為法を適用するかを裁判官に一任するかのような学説（広中先生は、その主張者として三ケ月章先生のお名前をあげています）をきわめて厳しく批判して、次のように書いておられます。「実体法学が国家権力による紛争処理としての裁判に対して評価・批判・指導という役割を有することは当然のことであり、その役割を縮減ないし否定する見解は危険な国家観に通ずるであろう」と（同書第六版〔一九九四〕四三六頁）。

この件りの印象は強烈でした。広中先生によれば、民法学者は、裁判官の裁判を、「評価・批判・指導」するわけで、国家権力を統制することが学者の任務だということになります。そうなりますと、いわば、立法・行政・司法の三権の上に民法学者が座っているような絵が描けるように思いました。私が想像した絵によれば、民法学者として、解釈論を提示するということは、三権の上から語ることになるわけです。

しかし、裁判官といえば、私にとっては、司法研修所の教官であり、実務修習先の部長や陪席であり、さらに同級生です。弁護士にしても、同じです。私はといえば、研修所での座学にせよ実務にせよ、頭を使う方面では、あまり良い思い出を持たない修習生でした。それだけに、裁判を「評価・批判・指導」するという、いわば上から下への発信という形での民法学者の仕事の仕方は、私にはとても無理だと思っていました。

同時に、同級生たちが実務に就いていく中で、せっかく研究の時間が与えられる環境に身を置くのだから、日々の裁判、弁護士業務とは違ったことをしなければならない、という気持ちもありました。また、実務に直接役立つようなことはないにせよ、同級生に読んでもらえるものを書きたい、という茫漠とした希望のようなものもありました。

さらに、二年間ほど、法務省民事局参事官室に置いていただいた経験も、ここに付け加えるべきだろうと思います。裁判所、検察庁そして法務省から参事官室に集まっていたみなさんは、実に優秀な方ばかりでした。当時の私は、三〇代も半ばを過ぎていたにもかかわらず、早稲田大学を退職しておりましたので、法律実務の世界に身を投じようと思わないでもなかったのですが、参事官室での経験によって、自分の活路が大学以外にはないことを痛感しました。さらに、役所の中から民法学者の活動をみて、実務に近いところでの解釈論・立法論の仕事に民法学者がかかわることの難しさを思い知らされ、それまで以上に、民法学者は何をすべきかを考えさせられたのでした。

しかし、これらの経験は、個人的なものであり、個人的な経験ゆえに抱くことになった疑問も個人的なものにすぎず、この疑問には普遍性はないと、考えていました。

結果的に私が、『民法学の行方』（小粥③）や『日本の民法学』（小粥⑥）など、正統派の民法学者からみれば奇妙なものを書くことになったのも、個人的な妙な引っかかりのせいであって、自らの問題に正直に取り組んだ代償として、民法学界の王道どころか、民法学というピラミッド建築事業に小さな石を加えて貢献することすらできていないのも自業自得、などと諦めていたのでした。

普遍的問題？

ところが、私の疑問は、個人的な問題ではなくて、普遍的な問題かもしれない。少なくとも、大村さんは、私が抱いた疑問には、現代日本の民法学が孕む問題に関係する部分があり、拾い上げるに値するとお考えになって、往復書簡がこのように組み立てられていたのではないか、というのが、私が気づいた可能性です。

実は、伏線はあったようにも思います。東北大学在職中、何人かの同僚を迎えました。若い同僚の中には、法科大学院を修了し、三年間ほどの助教生活を経て、立派な論文を書いてすぐに准教授として着任する人たちがありました。民法の阿部裕介さんもその一人です。

いつのことだったか、阿部さんの研究会報告の枕が、先に書いた、私の個人的疑問と一定部分において重なる内容だったのです。阿部さんのお話しは、法科大学院の同級生たちのほとんどが裁判官や弁護士になって実務に就くのに対して、彼の進路が異なっていることを強く意識したものだったように記憶しています。法科大学院修了者が民法学者になるということは、私の個人的な疑問を共有する人が増えるということになるのかな、などと感じたことが思い出されます。

研究プログラム

今後、民法学の研究に取り組むに際して、どんなことを考えればよいかについては、大村さんの前便が、問題全体の俯瞰図を与えてくれています。私の「個人的」疑問も、いくらかは、学界において検討されるべき性質を持っていたのかもしれません。

とはいえ、仮に、私の「個人的」疑問に普遍的性質があったとしても、民法学者が、一斉に、私のような奇妙な作文を書くべきことになるはずはないでしょう。本来は、特定の分野に照準を絞った「基礎研究」が蓄積されることが重要です。私自身も、多くの人が奇妙な作文ばかりをしている民法学界があったとすれば、今度は、確固たる専門分野を持ち、「基礎研究」を志すと思います。

大学について

大村さんの将来展望にほとんど異論はありません。むしろ、異論を立てるためには将来を自分なりに展望しなければいけませんが、私は、その将来展望を持てないでいるというのが正直なところです。しかし、一つだけ、付け加えたいことがあります。それは、大学のあり方です。

民法学も、一定の制度の中で営まれるもので、それを担ってきたのは、圧倒的に大学でした。かつては、大学の自治、学問の自由などについて、真摯な議論が重ねられていました。たとえば広中俊雄先生は、民法学者でありながら、あるいは民法学者であったからこそ、大学の自治や学問の自由論においても論陣を張り、日本の大学人たちにとってのリーダーの一人となっていたように思います。私には、このことも広中先生の学問の不可欠の構成要素だと考えまして、『日本の民法学』で広中先生をとりあげた際には、大学紛争当時の広中先生の大学人としてのお仕事を掘り返し、書き留めたのでした。広中先生は、自由な学問研究の砦を構築するために奮闘され、その中で自らも研究を推進されたといえるでしょう。

これに対して現代の民法学者はどうでしょうか。砦を築くどころか、時々の流れに従って漂っているだけのような気もします。個人個人のレベルで考えれば、砦を築くとか、研究の基礎条件整備のために時間を費やすよりは、自分の定年までの間に大学が倒産しないのであれば、できるだけ余計な管理運営業務は引き受けず、年々減少してゆく手持ちの資源の範囲で細々と自分の研究をつづけるほうが、幸福度は高いようにも思います。そういう行動になりがちなのは、個人レベルでの効用計算ということも理由にはなるでしょうけれども、現代の民法学者が、民法学の継続性とか、後続世代による承継発展を信じることが難しくなっているのかもしれず、そうだとすれば、由々しいことだと心配しています。

今後については、本来の大学の自治を取り戻すべきだという考え方を耳にしますが、直ちに実行可能かという観点からすると難しいでしょうし、長期的な目標という観点からしても、再考の余地があるように思います。当面は、大学の管理運営業務と研究教育業務とを切り離すことの是非、それぞれの業務をどのような人材が担うべきかなどが重要問題であるように思われます。現実には、民法学者が、大学の部局長となり、管理運営業務に粉骨砕身しつつ、講義・演習も担当し、論文も執筆するという事態が、日常的に生じています。しかし、これは管理運営という観点からも、研究教育という観点からも、不幸なことであるように感じます。

また、いずれは、教授資格試験制度などによって、民法学者の品質保証が現在以上に行われている旨を社会に対して説明できるようにするなどの対応も、考えなければいけないかもしれません。もちろん、現在の大学毎の人事――採用・昇任等――による品質保証もそれなりに機能していると思っておりますし、教授資格試験制度に比べても良いところ――たとえば、各大学毎の評価の違いが産み出す民法学の評価軸の多元性――がありそうです。他方で、現在行われている大学評価、法科大学院評価などの功罪も検証する必要があり、問題は単純ではありません。いずれにせよ、これも大学周辺の、民法学を支える制度の問題です。

今後に向けて

これからも、民法学者たちは、法科大学院教育、法科大学院制度の運営・見直し、次世代の民法学者のリクルート・養成などに、引き続きエネルギーを注ぐことにならざるをえないように思います。もちろん、従前からの法学部教育も忘れてはいけません。また、債権法改正への研究上・教育上の対応――改正法の注釈書、解説書、教科書、演習書等の企画・執筆、改正法による講義・演習の準備――のために、多くの民法学者が忙殺されることでしょう。私も、日常業務の中で溺れてしまいそうです。多忙を口実に流れに応じて浮遊するという選択肢は、魅惑的です。

しかし、たとえば、新しい制定法として民法債権法の諸規定が登場したので、近年の民事関係諸立法に対するのと同様に、新法の文言、当局解説を尊重しつつ、規定・制度内容を理解し、発信してゆく、ということだけでよいのかどうかからして問題含みです。現段階では、新法に向かう姿勢について、あれこれ考えることもできますが、実際に原稿を書き始めたら、本来の意味での解釈や理論化には到達できず、新しい条文の意味を、文言や当局解説を手がかりに、自分ではイヤだと思っていても、そのオウム返しのような原稿を書くことになってしまう危険性も高いです。

大村さんは、そうした事情をも予想されつつ、この往復書簡を通じて、絶えず、足下ばかり見ていないで顔を上げよ、周りを見よ、遠くを見よ、というメッセージを発信しておられたように感じています。大村さんからの手紙は、私だけでなく、多くの民法学者によって受け取られるべきものでしょう。

私自身は、改正される債権法の研究はもちろん、判例研究などを少しずつ重ねていきながら――とくに改正法の研究は丁寧にしたいのですが――、同時に、基礎的な研究をしたいと考えています。基礎的といってもひょっとして風変わりかもしれません。具体的には、法曹になるとは限らない法学部生が理解しておくべき民法の基礎というものがどういうものなのか、という観点から、これまで民法学の守備範囲と考えられてこなかったような問題も含めて、ひとまとまりの形にしたいというようなことを考えています。時間がかかりそうですが、人間、人と人との関係、尊厳、名誉、自由、責任、所有・財産、契約、情報、婚姻、親子、法の解釈適用、立法、法学などといった基本概念について、勉強してゆくつもりです。

小粥太郎

あとがき（その1）

ようやく、「あとがき」に辿り着くことができた。現段階で述べるべきこと、述べることが可能なことは、多少の不足はあるものの、ほぼ本論の中で語り尽したのではないかと思う。その意味では特に付け加えることはない。ただ、本論の中で暗黙裡に語ったつもりではあるが、必ずしも明確であるとは言えない点につき、若干の補足ないし言い訳をしておくことをお許しいただきたい。話は三つに分かれる。

第一に、本書の目的について。本書を通じて試みたかったことは、小粥さんの表現を借りて言えば、学説と学生・実務家・一般市民との間に「インターフェイス」を創り出すことだったと思う。学説とは何か、何をしようとしているのか。一般市民はもちろんのこと、学生も実務家も知る機会が乏しくなっている。今日、「法学」や「民法学」のあり方を語るものは少ない。たとえば、かつてであれば、『日本の法学』（日本評論社、一九五〇）のような書物によって、学説のイメージや役割をつかむことは不可能ではなかった。もちろん、本論でも言及した『現代民法学と実務――気鋭の学者たちの研究のフロンティアを歩く 上中下』（判例タイムズ社、二〇〇八）のような貴重な試みはある。しかし、自分が興味を持った特定のテーマに関する部分を読むことはできるとしても、三巻本の全部を通読するのは難しい。これに対して、本書は、あくまでも一つの

（二つの？）観点に立ってのことではあるが、学説のイメージを集約的に示す内容になっているのではないか。他方、本書からは、異なる対象と指向性を持った学説のポリフォニックな声が聞こえてくるわけではないとしても、対話を通じて、学説のありうる多様性の一端を示し得たようにも思う。矛盾していることを言っているように聞こえるかもしれないが、「一にして多」の学説、あるいは（通常の用語法には反するが）Doctrine と doctrines の複合体としての学説という理解をしていただければ幸いである。

第二に、本書の特色について。特に、私が三人の同世代の民法学者とともに、かつて刊行した『民法研究ハンドブック』（有斐閣、二〇〇〇）との異同について一言しておきたい。『ハンドブック』も本書も、「民法学とは何か、何をするものか」をテーマにしている。しかしながら、『ハンドブック』が民法学の存在を自明の前提とした上で、その内部に身を置いて、新たに共同体のメンバーになった（なろうとしている）人に対して、従来の成果を客観的・共時的・静態的にまとめて見せたものであったとすると、本書は民法学の存在自体を当然のこととしないという前提で、いわば民法学の外に立つように心がけて、その中で行き先を模索している自分たちの自画像を描いたものである。いまだに出発点から終着点に向かう途上にある以上、それは主観的・通時的・動態的なものとならざるを得ない。『ハンドブック』とは違って、様々な立場の学生諸君の意見を参考にしているのも、以上のような立ち位置の差によるということになろう。おそらく、慧眼な読者諸氏はこうした違いを、二つの著書の基本的なスタンスの差異としてのみならず、一五年の間に生じた環境変化の反映として理解されるに相違ない。

第三に、本書の不足部分について。小粥さんが同意されるかどうかはわからないが、私自身は、民法学を取り巻く環境（社会・世界・時代・隣接領域など）との関係を意識しつつも、この点に関する展開がやや不十分だったかという気がしないでもない。また、方法論上の諸問題について、専門的に立ち入った叙述あるいは体系的に整った叙述がほしいという感想を持たれた方もいるかもしれない。小粥さんは小粥さんで、本書を一里塚として、さらに検討を続けられることだろうが、私に関して言えば、ここ数年のうちに執筆した多少とも方法論的な性格の論文等を集めた『公論・大学・民法学』（仮）と、教科書風の『人間の学としての民法学』（仮）とを、そう遠くない時期に刊行したいと考えていることを付言しておく。

大村敦志

あとがき（その2）

この本の出版に向けて装丁などを相談するやりとりの中で、大村さんが、同じく往復書簡という形式の作品ということからか、辻邦生＝水村美苗『手紙、栞を添えて』の名前をあげた。まだ、それを読んだことがなかった私は、すぐに近所の書店でその文庫版を買い求め、一息に読んだ。私が編集者だったら、書名を『文学を語る』としてしまいそうな本である。

辻は、スタンダールの墓碑銘「生きた、書いた、愛した」に言及しつつ、さらりと、「子供の頃から書くのが大好きでした。書いていれば幸福でした。」と書いている。もちろん、私の脳裏には、書き続ける大村さんが浮かぶ。そして、大村さんの『基本民法』が読者にもたらす幸福感について、早川眞一郎さんが認めた一節が思い出される。いわく、「蛇足であるが、この幸福感について、私などはいつも辻邦生のいくつかの小説を連想する。人生／民法は美しい、人生／民法は生きる／学ぶに値するという共感をさそう点で、たとえば『夏の砦』と『基本民法Ⅱ』とは異分野に生まれた双子の姉妹であるような気さえする。」（書斎の窓五二八号〔二〇〇三〕五六頁）と。

辻＝水村「往復書簡」は、文学、生きることへの肯定に満ちあふれている。私たちの往復書簡は、希望を語ることができただろうか。そうであったと思いたい。
　辻の最後の手紙「エピローグ――風のトンネル」は、神の存在を体感したかのような、あるいは至福の境地を語る。「私は考えるでもなく、今見ているこの透明なトンネルの中のものは、時間とか空間とかに関係なく、いつまでもこうしてあるんだと思えたのです。」「その透明なトンネルの中のものは、人が永遠と呼ぶ真の実在ではないかと思いました。何の理由もなく、窓から谷を見ながら、私は今永遠を見ているのだと思っていました。」「私は永遠を眼にすることによってこの世が終わるということ、私が死ぬということからごく自然に解放されていきました。」
　これに対して本書――民法学の往復書簡――の終盤には、たくさんの宿題が掲げられることになった。私は、「第12信　再び、学説の役割」に記したいささか夢想的な目標を念頭に置きつつ、当面は、日々の仕事に取り組むことになるだろう。

小粥太郎

謝辞

本書の企画は、小野美由紀さん（有斐閣編集部）が私たち両名の共著の刊行を慫慂して下さったことに端を発する。私たちの合同ゼミにも出席し、実際に編集を担当して下さったのは佐藤文子さん（同）である。お二人に、そして、この企画を見守って下さった土肥賢さん（現・有斐閣営業部長、前・編集部長）に、まずお礼を申し上げる。

次に、春休み中にもかかわらず、私たちの合同ゼミ（二〇一三年三月二八日～三〇日、於一橋大学・有斐閣・東京大学）に参加して下さり、貴重なコメントを寄せて下さった次の方々に謝意を表したい（括弧内は当時）。

東京大学　中野裕朗、工藤大知（以上、学部三年）、永井香帆（学部四年）、
瀬戸口祐基（法科大学院三年）
米倉暢大（助教一年）、平野秀文（博士一年）
高鉄雄（博士三年＋、韓国）、高慶凱（博士三年＋、中国）
山口敬介（オブザーバー、立教大学准教授）

一橋大学　亘理淳・津田慧（以上、学部三年）
川上玄太郎・川上タイ・野上小夜子（以上、法科大学院一年）
川鍋健（修士一年・憲法）

さらに、私たちが個別にお世話になった方々にもお礼を申し上げなければならない。

大村の側では、異なる段階の草稿を、前記の中野（現・東京大学法科大学院三年）、瀬戸口（現・東京大学助教三年）の両君のほか、ダニエル・マシャド君（東京大学大学院修士課程二年、ブラジル）、張韻琪さん（東京大学大学院修士課程一年、台湾）、池田悠太君（東京大学法科大学院三年）にも読んでいただいた。また、注の作成や校正にあたっては、伴ゆりなさん（私設秘書）のご助力を得た。

なお、本書の大村執筆部分の原型は、二〇一一年一〇月に北京の四つの研究教育機関（北京大学・清華大学・人民大学および中国社会科学院）で行った連続講演（渠涛訳「近三〇年来日本的民法研究」清華法学二〇一二年六巻）と二〇一一年一一月と二〇一二年二月にソウルの成均館大学およびソウル大学で行った講義・講演に由来する。北京では、私自身の研究成果をまとめて話すことを求めて下さるとともに、通訳・翻訳にあたって下さった渠涛教授（中国社会科学院）ほか関係の諸教授に大変お世話になった。他方、ソウルでは、南孝淳教授（ソウル大学）と権澈教授（成均館大学）が、比較法の将来（於フランス民法研究会）や儒者としての穂積重遠（於成均館明倫堂）を語るにふさわしい場を提供して下さった。

小粥の側では、やはり異なる段階の草稿を、前記の亘理（現・東京地方裁判所事務官）、津田（現・司法修習生）の両君のほか、松下昂永君（一橋大学法科大学院修了生）、根本尚徳さん（北海道大学准教授）にも読んでいただいた。

二〇一五年八月

大村敦志
小粥太郎

事項索引

ナ　行

ハ　行

マ　行

ヤ　行

ラ　行

人名索引

ナ　行

ハ　行

マ　行

ヤ　行

ラ　行

ワ　行

著者紹介

大《おお》村《むら》敦《あつ》志《し》　東京大学教授

小《こ》粥《がゆ》太《た》郎《ろう》　一橋大学教授

民法学を語る

Apologie pour le droit civil ou métier de civiliste

2015 年 11 月 10 日　初版第 1 刷発行

著　者　大 村 敦 志
　　　　小 粥 太 郎

発行者　江 草 貞 治

発行所　株式会社 有 斐 閣

郵便番号 101-0051
東京都千代田区神田神保町 2-17
電話 (03) 3264-1314〔編集〕
(03) 3265-6811〔営業〕
http://www.yuhikaku.co.jp/

印刷・大日本法令印刷株式会社／製本・牧製本印刷株式会社

ISBN 978-4-641-13724-0